AF430604

Arthur Schopenhauer

Cincuenta Momentos Cruciales de su Vida

Guido Coburg

Arthur Schopenhauer

Cincuenta Momentos Cruciales de su Vida

Blue Lark Books

Todas las citas de Schopenhauer y de sus contemporáneos fueron traducidas por el autor a partir de los textos originales.

Imagen empleada en la portada: Retrato de Arthur Schopenhauer por Ludwig Sigismund Ruhl (1815) (Universidad Goethe, Fráncfort del Meno).

Diseño de cubierta © 2024 Blue Lark Books

Copyright © 2024 Guido Coburg

Copyright © 2024 Blue Lark Books

ISBN: 978-90-834468-6-8

Todos los derechos reservados

www.bluelarkbooks.com

CONTENIDO

PREFACIO

He reunido en este volumen poco más de cincuenta eventos de la vida de Arthur Schopenhauer, los cuales fueron incluidos en la primera edición de mi novela "El Experimento Schopenhauer". Mi motivación para publicarlos en forma separada radica en los siguientes hechos. Por un lado, varios lectores me sugirieron que lo haga, dado que en mi novela estos importantes eventos aparecen desordenados cronológicamente y les resultaba difícil seguir la ilación de los sucesos. Además, estos sucesos sirven en la novela como una introducción a cada capítulo pero, como no están directamente relacionados con la acción de la historia de ficción, no llegaban a recibir la importancia que merecen para poder ser apreciados en su justo valor. Finalmente, dado que se trata en todos los casos de sucesos históricos pertenecientes a la vida de Schopenhauer, son adecuados para ser publicados en un volumen único.

Los acontecimientos de la vida de Schopenhauer que elegí son aquellos que más me han resonado por su importancia, en varios casos de una manera íntima, y creo que los biógrafos del filósofo estarán de acuerdo en que la mayoría de ellos son trascendentes y absolutamente necesarios en una exposición de este tipo. Cada escena está parcialmente novelada, y contiene en forma separada una explicación que ayuda a entender con claridad el contexto de la narración. En todas las notas adicionales he incluido citas de Schopenhauer o de sus familiares o amigos que sustentan o indican la veracidad de lo ocurrido.

Espero que este volumen ayude a comprender con mayor agudeza los momentos cruciales de la vida de uno de los grandes filósofos de la historia, y que pueda servir como un auxiliar original para estudiar formalmente su biografía. Dado que ni mi elección de eventos ni sus notas adicionales pueden suplantar a una biografía completa, he incluido al final del libro una selección de biografías de diversos autores. Aunque por supuesto yo tengo mis preferidas, todas ellas son igualmente valiosas dado que ningún libro puede ahondar en todas las facetas de una vida.

Guido Coburg

La Haya, Países Bajos

Agosto 2024

1788
Nace Arthur Schopenhauer

(Danzig) Heinrich pudo ingresar finalmente en la sala luego de esperar más de lo que había imaginado. Caminaba apresuradamente como si hubiese tenido que curarse una herida sangrante, y apenas si llegó a darle un beso a Johanna quien lo miró con ojos caídos y vidriosos, notándosela débil y demacrada. Luego fue como si ella hubiera desaparecido de su vista y sólo vio a su hijo quien estaba a su lado, a quien tomó entre sus manos y lo alzó con fruición. Lo miró a los ojos aún cerrados, pero a través de sus párpados pudo ver todo un futuro. Un hijo para continuar con la gran casa de negocios Schopenhauer. Un hijo llamado Arthur, quien sería bien recibido en los ámbitos comerciales de Inglaterra y de Francia. Un hijo a quien enseñarle las buenas costumbres del mundo y las leyes del comercio europeo. Heinrich sintió que su vida sería transformada por aquel pequeño vástago que tenía entre sus manos, con sus pequeños ojitos cerrados, quien sería su futuro y la transformación de su vida.

• • •

Su casa natal en la ciudad de Danzig (actualmente Gdansk, Polonia) estaba en Heiligegeistgasse 117, calle cuyo nombre actual en polaco (Świętego Ducha) conserva el mismo significado: calle del Espíritu Santo. Su padre era un acomodado comerciante de origen alemán-holandés llamado Heinrich Floris Schopenhauer, y su madre era Johanna Schopenhauer (cuyo nombre de soltera era Johanna Henriette Trosiener) quien más tarde sería una famosa escritora. Su única hermana, Luise Adelaide Lavinia Schopenhauer (conocida por el apócope de Adele) nació nueve años más tarde en Hamburgo. Gwinner relata una anécdota de Heinrich Floris en el día del nacimiento de su hijo: "… *pasado el mediodía del 22 de febrero de 1788, él entró en la oficina con la cabeza acalorada y le comunicó balbuceando a su personal: 'ihe tenido un hijo!'. El contador sentado frente a él, un hombre alegre y divertido, se puso de pie solemnemente, y confiando en la sordera del director lo felicitó con las palabras: 'Si se vuelve como el papá, se va a convertir en un lindo babuino'"*[1].

1793
La familia Schopenhauer abandona para siempre la ciudad de Danzig

(Danzig) Los ruidos, las discusiones y los llantos de Johanna le resultaban insoportables. Arthur decidió encerrarse en su cuarto, diciendo que, aunque todos se fueran, él no se movería de ahí. Nadie lo tomó en serio. Permaneció encerrado por más de dos días, escuchando los mismos ruidos, las mismas peleas, la misma vorágine inentendible. Ya no había tiempo para que entendiese o cambiase de idea. Posiblemente ya nunca cambiaría. Heinrich gritó pero él nada comprendió de esas palabras. Ya en el último momento, Heinrich entró al cuarto y lo alzó mientras su hijo trataba de pegarle con sus pequeñas manos, llorando aún sin llegar a comprender qué estaba ocurriendo. El carruaje partió rápidamente y luego los gritos se transformaron en silencio. Cansado de llorar, Arthur se mantuvo callado con la mirada baja, aún con su enojo que duraría mucho tiempo. El carruaje tomó por una calle principal y salió de la ciudad, mientras él miraba con sus ojos enormes como aquel lugar que creía ser su hogar desaparecía para siempre de su vida.

• • •

Danzig fue anexada al imperio prusiano en marzo de 1793. Antes de esa fecha, la ciudad era un estado independiente que tenía protección del estado polaco. La ciudad —un gran centro comercial— contaba con uno de los puertos más importantes de Europa. Heinrich Floris Schopenhauer era dueño de una firma para la expedición de mercaderías y era también agente de transacciones bancarias. Pese a su apego y dedicación al comercio, tenía un gran interés por las letras, leyendo autores tanto en inglés como en francés, y también había desarrollado una fuerte pasión por la libertad que estaba expresada en el lema de su escudo familiar: *"Point de bonheur sans liberté"*[2] (No hay felicidad sin libertad). Sus ansias de libertad hicieron que tomara la decisión de abandonar Danzig poco antes que la ciudad fuera ocupada, como lo relató Schopenhauer en su Curriculum Vitae: *"Cuando el rey de Prusia, el padre supremo y gobernante, en 1793 sometió a la ciudad de Danzig a su imperio, mi padre —cuyo corazón latía no menos calurosamente por la libertad que por su ciudad natal— no soportó ver la caída de la antigua república. Unas horas antes de la ocupación de la ciudad por las tropas prusianas la abandonó con su esposa e hijo; pasó la noche en su casa de campo, y partió hacia Hamburgo al día siguiente. [...] Así me convertí en un apátrida ya desde mi tierna infancia (yo tenía entonces cinco años); tampoco he adoptado una nueva patria nunca más"*[3].

1803
Pupilo por tres meses en una escuela en Wimbledon

(Wimbledon) Arthur casi no se podía mover del dolor y las molestias en su cuerpo, aunque nada físico le había sucedido. Sólo la angustia que lo tomaba, en silencio, sin entender cómo ocurría y cómo era tan poderosa en su cuerpo. La idea de sus padres de mantenerlo en aquella escuela había sido algo sin sentido, al menos para su psiquis. Caminando por el parque veía a sus compañeros a la distancia. Él sabía que intentaban ignorarlo e imaginaba al mismo tiempo mejores momentos en su vida, que llegarían tarde o temprano. La soledad del abandono entonces, y la soledad que existiría en su futuro, sin que lograra imaginarla.

• • •

Heinrich Floris Schopenhauer era un anglófilo vehemente y pretendía que su hijo manejara el idioma inglés con fluidez, en particular por su importancia para las relaciones comerciales a través de Europa. Fue por ese motivo que lo colocó como pupilo —Arthur tenía entonces quince años— en una escuela que tenía el pomposo nombre de "Wimbledon School for Young Gentlemen and Noblemen", donde residió alejado de sus padres durante el curso de doce semanas. La escuela, dirigida por el reverendo Thomas Lancaster, funcionaba en una casa del siglo diecisiete llamada Eagle House. Su padre además quería que mejorara su escritura cursiva, repitiéndoselo en sus cartas como sigue: *"Cuanto más rápido aprendas a escribir con un libre puño masculino, más pronto podré ir a buscarte del Sr. Lancaster, pero no imagines que iré antes de que lo logres hacer: un hombre que quiera dedicarse al comercio, como mínimo debe escribir absolutamente bien y con fluidez"*[4].

1805
Muere su padre,
Heinrich Floris Schopenhauer

(Hamburgo) Era de noche y Heinrich prefirió no ingresar en la casa. Su malestar le resultaba intolerable y caminó hasta la parte trasera de la residencia sin saber por qué. Al llegar al canal oscuro, sólo iluminado por una luna pálida, se detuvo y contempló trazos de su vida, de la vida que pudo ser y que no fue. En su mente resonó nuevamente la palabra depresión y Samuel Johnson. Vio el rostro de Johanna reflejado en el hielo y sintió el vacío de una relación que ya no existía. Por sobre todo pensó en Arthur y creyó que él podría ser su futuro. ¿Qué habría heredado de él su hijo a quien tanto amaba? La noche era singularmente hostil y sus malestares retornaban una y otra vez. Tal vez terminar con todo deslizándose simplemente. El hielo, el agua del canal terminaría con los tormentos de tantos años.

• • •

Su padre fue encontrado muerto, flotando en el canal detrás de su domicilio particular. Éste tenía anexado un depósito de mercadería, parte de su firma comercial. Gwinner escribió: *"En abril ocurrió la muerte repentina de su padre. La naturaleza de ésta causó revuelo —cayó al canal desde lo alto de un cobertizo— y se rumoreaba que se había quitado la vida en un ataque de desesperación, debido a pérdidas financieras reales o ficticias. Durante mucho tiempo había estado sufriendo de emociones enfermizas y, debido a una creciente sordera, se había vuelto más irritable y violento"*[5].

1807
Trabaja como aprendiz
de mercader

(Hamburgo) Su alma se estaba despedazando lentamente. ¿Por qué había continuado con el oficio de mercader si la muerte de su padre había signado que aquello debía terminar? Su destino era otro. Había en su ser un tesoro oculto que prometía que el mundo conocería algo que nunca había sido revelado. Los genios son tan excepcionales, gotas dispersas en un océano de oscuridad, y en su ser estaba aquello que tenía que surgir, fuese como fuese, costase lo que costase. Ahora el destino cambiaría, desde aquella mundana profesión de mercader, y Arthur Schopenhauer sería quien tenía que ser.

• • •

Había comenzado estudios comerciales en 1805 y continuó haciéndolo aun después de que su madre y su hermana se mudaran a Weimar de manera definitiva en septiembre de 1806. Su insatisfacción de proseguir en el ámbito comercial la expresó en su Curriculum Vitae como sigue: *"Toda mi naturaleza era reacia a atender esos negocios. Siempre pensando en otras cosas, descuidaba mis obligaciones y lo que deseaba, día tras día, era ganar tiempo para estar en mi casa y dedicarlo a los libros… […] Finalmente, hacia el final de ese tiempo, estaba atormentado por terribles problemas emocionales. En las cartas que le escribía a mi madre (quien ya vivía en Weimar) me quejaba miserablemente del frustrado propósito de la vida, de la irremplazable pérdida de las fuerzas y la juventud gastadas en ocupaciones superficiales y, en definitiva, de mi edad ya avanzada, que no me permitía abandonar la carrera elegida y comenzar una nueva…"*[6]. Y según relata Gwinner: *"Con una mirada preocupante vio la madre acumularse estos signos de un desarrollo anormal, y dado que su aversión al estudio comercial no era un secreto, tuvo entonces que pensar en la posibilidad de un cambio a su situación, a pesar de que su hijo no le había escrito ni una sílaba sobre su deseo de cambiar de oficio"*[7].

1807
Johanna Schopenhauer aconseja a su hijo abandonar el ámbito comercial

(Weimar) Johanna continuaba preguntándose si Arthur aún podría comenzar una carrera universitaria y lograr aprender las lenguas clásicas. El amor por su hijo había primado en ese momento frente al rechazo que sentía por su tono desafiante y su carácter sombrío, tan similar al de su padre. Ella había buscado el consejo de Goethe y de Fernow, pero aun así dudaba si recomendarle que abandonase el ámbito comercial para optar por el académico. Frente a su duda, sin embargo, había algo que tenía muy en claro: Arthur tendría que desarrollar sus estudios alejado de Weimar. Tan sólo imaginar tener cerca a su hijo en ese nuevo período de su vida le producía escalofríos.

• • •

Ante su intención de abandonar el ámbito comercial para emprender una carrera académica, Johanna le manifestaba sus pensamientos de la siguiente forma: *"El asunto también está en mi corazón, mi Arthur. He pensado mucho y largamente sobre él, y sin embargo no he podido llegar a un resultado satisfactorio, y esto querido Arthur es bastante natural,… […] Tú eres indeciso por naturaleza, yo quizás demasiado rápida, demasiado decidida, muy inclinada a elegir entre dos caminos el que en apariencia es el más maravilloso; como lo hice para determinar mi residencia, en vez de mudarme a mi ciudad natal con amigos y familiares —como casi toda mujer en mi lugar hubiese hecho— elegí Weimar que me era casi completamente extraña"*[8].

1813
Finaliza su tesis de doctorado

(Rudolstadt) Sentado junto a la ventana de su modesta habitación, en aquella hostería de poca importancia, Arthur contemplaba el paisaje e intentaba ver un futuro para su vida y para su incipiente sistema filosófico. La derrota de las fuerzas de Napoleón escasos días atrás era poco en comparación con la trascendencia que él esperaba de la obra que estaba en su mente, como una única frase que necesitaba desarrollarse en el ambiente adecuado. La primera muestra de su genio estaba junto a él, un pequeño volumen que le había valido el título de doctor y que esperaba fuese una llave para entrar en un mundo que aún tenía que descubrir. Arthur esperaba que aquel pequeño tratado con nombre tan ambicioso y enigmático habría de ser festejado a su regreso a Weimar. Su madre, por más que no pudiera tolerarlo, por más que tuviera pruritos en su contra, era quien tenía que dejar de lado todo lo que los separaba para comprender a su hijo y para celebrar aquel logro, su reciente título de doctor, y por sobre todo aquella pequeña obra que habría de ser leída dentro de centurias.

• • •

Desde 1809 hasta 1813, realizó estudios de medicina en Gotinga y de filosofía en Berlín y luego de pasar una corta estadía en Weimar, decidió retirase a la pequeña localidad de Rudolstadt debido a la situación en la casa de su madre. Como lo expresó años más tarde en su Curriculum Vitae: *"…continúe hasta Weimar. Aquí, sin embargo, cuando estaba en la casa de mi madre, me desagradaron tanto ciertas circunstancias domésticas que yo, buscando otro lugar como refugio, me retiré a Rudolstadt, donde pasé el resto del año en una pensión. Fue un lugar de residencia adecuado en esos tiempos difíciles, para una persona sin hogar fijo"*[9]. En Rudolstadt terminó de escribir su tesis "Sobre la Cuádruple Raíz del Principio de Razón Suficiente", por la que obtuvo el título de doctor en filosofía por la Universidad de Jena, que le fue otorgado en octubre de 1813. Hizo imprimir 500 ejemplares de su tesis doctoral, pagando los costos de impresión de su bolsillo, y envió su tratado a algunos catedráticos, y en una de las cartas adjuntas decía: *"Tengo el honor de enviarle un tratado que tuve la oportunidad de imprimir sobre mi tesis de doctorado. Lo había comenzado en Berlín y lo finalicé en Rudolstadt (donde pasé el verano, separado por las montañas del tumulto de la guerra). Tenía la intención de presentarlo en la Universidad de Berlín, pero como mi regreso a Berlín estuvo interrumpido durante demasiado tiempo, decidí presentarlo en la Facultad de Jena"*[10]. Durante su estancia en Rudolstadt se hospedó en la posada "Zum Ritter", un espacioso edificio frecuentado por gran cantidad de viajantes. Por otro lado, durante su estadía desde junio hasta octubre, marcharon por la ciudad diversos cuerpos de la armada. Sin embargo, él describió su estancia en Rudolstadt como un ambiente un tanto idílico. Al abandonar su cuarto en el segundo piso de la posada, escribió lo siguiente en el vidrio de una ventana: *"Arth. Schopenhauer majorem anni 1813 partem in hoc conclave degit. Laudaturque domus, longos quae prospicit agros"[11].* (Arthur Schopenhauer pasó en esta habitación la mayor parte del año 1813. Alabada sea la casa desde la que se observan extensos campos). Notar que la segunda frase es una cita de Horacio (Epístola I, 10).

1814
Se pelea con su madre, con la que nunca se reconciliará

(Weimar) Johanna retornó a su residencia el viernes por la tarde y lo primero que hizo al abrir la puerta fue confirmar con su criada que Arthur se había marchado. Adele se quedó ordenando el equipaje mientras ella se dirigió hasta el cuarto adonde él había estado durmiendo aquella última temporada. Entró con precaución, casi como con miedo, pero todo estaba en silencio. Sus nervios continuaban deshechos por los gritos y los portazos de su hijo. Tímidamente abrió el guardarropa, y el vacío de aquel pequeño espacio le transmitió una sensación de paz pero también de fuerte congoja. Sabía que jamás volvería a verlo, y a pesar de su estado de odio y nerviosismo lloró con vergüenza y algunas lágrimas mojaron el parquet dejando una pequeña estela como de gotas de lluvia. Ya no podía soportar más a su hijo, con su carácter colérico, sus gritos, sus palabras ácidas y su voz desafiante que le traía a su mente las imágenes y los dichos de su esposo. Ella sabía que Arthur la culpaba por su muerte, aunque creía que era sólo una forma más de intentar lastimarla. Mientras secaba las lágrimas de su rostro y del parquet, pensaba en qué tipo de vida iría a llevar su hijo

con esas ideas lúgubres y ese carácter endemoniado. Al salir del cuarto se miró en el espejo intentando que no se notara que había llorado.

• • •

Johanna nunca volvió a ver a su hijo luego de la tremenda discusión que tuvieron en el mes de mayo. Al día siguiente de aquella pelea, Johanna se marchó junto con Adele, y le dejó una carta donde le decía que no retornaría a su residencia hasta saber que él se había marchado. Entre otras cosas también le escribió: *"Tú mismo te has apartado de mí, desconfiándome, culpándome por mi forma de ser, por la elección de mis amigos, comportándote desdeñosamente contra mí, con tu desprecio por mi sexo, con tu renuencia manifiesta a contribuir a mi alegría, con tu codicia, dando rienda suelta a tus caprichos delante de mí, sin mostrarme ningún respeto. Esto y mucho más hacen que te vea completamente malvado…"*[12].

1815
Desarrolla una teoría de los colores similar a la de Goethe

(Weimar) Goethe arrojó con violencia la carta de su joven amigo y se sintió molesto y casi traicionado. Sus palabras eran insolentes. Tanta altanería mezclada con respeto, y creer que él mismo le había confiado sus experimentos y le había mostrado qué camino tomar para derrotar la falsa teoría de su rival inglés. ¿Qué debería hacer con ese pequeño opúsculo? No era posible respaldarlo. Schopenhauer podría encontrar su propio camino pero sería sólo por su esfuerzo y por su propio mérito, no porque el gran maestro de Weimar hubiera decidido apoyarlo. Goethe sabía que la teoría de los colores era su gran creación, y la de su amigo el filósofo era sólo una pequeña interpretación de sus grandes descubrimientos. El futuro habría de juzgar quién era quién. Había entonces que esperar en calma y dejar de lado los sentimientos de ahogo que le producía esa carta como también la vehemencia del joven Schopenhauer.

•••

Goethe creía que sería recordado en el futuro mayormente por su trabajo sobre la teoría de los colores, pero hoy no hay nadie —con excepción de algunos especialistas— que conozca los detalles de su teoría. Encontrándose en Weimar adonde se realizaban las reuniones literarias que organizaba su madre, Schopenhauer trabó amistad con Goethe en 1813 y continuó su relación de manera epistolar hasta 1818. Goethe le explicó los detalles de su teoría y hasta llegó a mostrarle algunos de los experimentos que había diseñado. Basado en esas ideas fue que Schopenhauer escribió su tratado "Sobre la Visión y los Colores", manuscrito que le envió a Goethe en noviembre de 1815 junto con una extensa carta en la que se refería a su nueva teoría diciendo: *"Si comparo su teoría de los colores con una pirámide, entonces mi teoría es la cúspide, el punto matemático indivisible desde el cual se extiende todo el gran edificio..."*[13]. En vano esperó que Goethe escribiera un prólogo para su tratado o lo recomendara para ser publicado según se lo había pedido, así que finalmente decidió publicar su trabajo sin la aprobación de su maestro. Algunos años más tarde, Schopenhauer hizo mención a su teoría de los colores de la siguiente manera: *"Sin duda me había dado cuenta de que Goethe había encontrado solamente la naturaleza y el origen de los así llamados 'colores físicos', pero de ninguna manera había dado una teoría general del color, que según mi opinión no debía ser ni física ni química, sino puramente fisiológica. [...] El gran hombre se negó de manera terminante a dar su aprobación, aunque nunca me ha dado ninguna razón para objetarla. Se negó solamente porque mi teoría, que se opone a la de Newton en todo aspecto, en algunas particularidades tampoco está de acuerdo con la teoría de Goethe"*[14].

1816
Vive en el mismo edificio que Karl Christian Friedrich Krause

(Dresde) Días y noches iguales, repetidos, casi sin ver las aceras, los árboles, la gente en las calles. El departamento en Große Meißnische Gasse era un refugio para proteger las ideas que surgían día tras día. Estaba al borde de la extenuación, pero nada más importaba, sólo la inspiración que retornaba una y otra vez. Al salir del edificio se cruzó con Krause, quien lo notó desmejorado, sin saber que su aspecto era producto de trabajar de manera excesiva y apasionada. Krause no imaginaba porqué Schopenhauer estaba tan concentrado en sus escritos, ya que poco le había comentado sobre sus ideas y la estructura de la obra que estaba escribiendo.

• • •

Karl Christian Friedrich Krause —creador de la corriente filosófica llamada panenteísmo— vivía junto con su familia en el mismo edificio adonde Schopenhauer se alojó desde 1814 hasta 1816, situado en Große Meißnische Gasse 35. Krause resultó un valioso interlocutor de Schopenhauer en temáticas de oriente, ya que sentía una especial fascinación hacia todo lo que era oriental. Krause incluso aprendió sánscrito, cosa que Schopenhauer nunca llegó a hacer a pesar de ser un devoto de los Upanishad. Si bien Schopenhauer empleó conceptos de filosofías orientales en su obra principal —El Mundo como Voluntad y Presentación—, la que estaba escribiendo mientras entablaba relación con Krause, resulta claro que no habló con él sobre su obra. En junio de 1818, Schopenhauer le escribió a Goethe refiriéndose a su libro que estaba listo para ser publicado, diciendo: *"Mi obra, que aparecerá en San Miguel, es el fruto no sólo de mi estancia aquí, sino hasta cierto punto de toda mi vida. […] El título del libro, que hasta ahora fuera del editor y yo nadie conoce, es: 'El Mundo como Voluntad y Presentación, cuatro libros, junto con un apéndice que contiene la crítica de la filosofía kantiana'"*[15].

1816
Se muda a un departamento en la calle Ostra-Allee donde termina su obra capital

(Dresde) Lo que más le disgustaba de abandonar su departamento en Große Meißnische Gasse era que Krause ya no sería su vecino, aunque sí continuaría viéndolo en la biblioteca y habría otras oportunidades para debatir las filosofías orientales. Su mudanza a Ostra-Allee estaba motivada por otros intereses, entre ellos poder disfrutar de un departamento más tranquilo para escribir su obra cumbre. La mudanza resultó más difícil de lo esperado y necesitó descansar un fin de semana para reponerse. Para su sorpresa, los primeros días en su nuevo departamento resultaron malos para su concentración y casi no logró escribir ninguna línea. Uno de aquellos días —cansado de no poder concentrarse— salió nervioso a caminar y entonces pensó en pasar por la biblioteca, creyendo que encontraría el alivio que necesitaba. Allí se encontró con Krause y dialogaron sobre temas novedosos que Krause había investigado en Asiatic Researches. Al regresar a su departamento había recuperado su ánimo, sin comprender por qué, y sintiéndose distinto comenzó a escribir de manera efusiva,

con una concentración que no sentía desde hacía varios meses.

• • •

El edificio en Große Meißnische Gasse era probablemente un poco ruidoso, teniendo en cuenta que su amigo Krause vivía allí con su familia de nueve hijos. En 1816 decidió mudarse a un departamento con jardín —alejado de los ruidos del tránsito— ubicado en la calle Ostra-Allee, adonde habría de finalizar la redacción de su obra capital, publicada hacia finales de 1818. Entre septiembre de 1818 y junio de 1819, Schopenhauer viajó a Italia pero conservó su departamento en Ostra-Allee, adonde siguió viviendo a su regreso hasta que obtuvo un cargo docente en la Universidad de Berlín. En el vidrio de una ventana en su estudio en Ostra-Allee, escribió en latín la siguiente frase: *"Schopenhauer vivió aquí desde 1816 hasta 1819 y escribió sus 4 libros sobre el mundo"*[16].

1817
Se interesa por las filosofías orientales junto a su amigo Krause

(Dresde) Schopenhauer se sintió agotado aquella tarde. Había trabajado de manera compulsiva, sin detenerse, sin tomarse un respiro. Tuvo que dejar de escribir finalmente porque un fuerte dolor de cabeza lo aquejaba y decidió salir a caminar por las frías calles cercanas al Zwinger. Al regresar a su departamento el dolor aún persistía y dejó su plan de continuar trabajando, yéndose a dormir temprano. A la mañana siguiente se despertó reanimado y creyó que la caminata del día anterior había tenido el resultado que él esperaba. Retomó entonces la escritura y estuvo concentrado en ella por un par de horas antes de salir hacia la biblioteca adonde debía devolver un volumen de Asiatic Researches. Por la noche fue a cenar con Krause, quien continuó explicándole sus conocimientos de técnicas de meditación según las había entendido en sus lecturas de textos orientales.

• • •

Los registros de la Biblioteca de Dresde muestran que Schopenhauer sacó en préstamo nueve volúmenes distintos de la serie de Asiatic Researches entre los años 1814 y 1818. Asiatic Researches es una publicación de Asiatic Society, una organización para la difusión de estudios orientales fundada en Calcuta en 1784. Al hablar de la influencia de la cultura de la India en Europa, Krause escribió en un texto publicado en forma póstuma: *"Estos pensamientos se los comuniqué al Dr. Schopenhauer en el año 1817, y él ahora los ha expuesto en su libro El Mundo como Voluntad y Representación"*[17].

1817
Comprende la trascendencia de la obra que ha concebido

(Dresde) La concepción de su obra lo posesionaba y por momentos nada más en su vida importaba. Sólo importaba continuar escribiendo esas páginas que quedarían en la historia. Páginas escritas en una cuidad hermosa, que sin embargo poco significaba para la universalidad de ideas que día a día quedaban plasmadas en papel. Retornando de la biblioteca y luego de atravesar por las inmediaciones del Zwinger, caminaba cabizbajo cuando se golpeó accidentalmente con una persona de mediana edad que parecía ser un hombre de negocios. Su manuscrito se deslizó de sus manos y varias hojas se esparcieron por Ostra-Allee. Escuchó algunas palabras de disculpa, pero nada interesaba más que recoger aquellas páginas mientras la tensión se apoderaba de su cuerpo. Sólo pensaba en regresar a su departamento para poner en orden sus papeles y poder continuar escribiendo lo que restaba de su obra cumbre.

• • •

Al salir de la Biblioteca Real, Schopenhauer debía pasar por las inmediaciones del palacio Zwinger —un edificio de estilo clásico construido a principios del siglo XVIII— para llegar a su departamento en Ostra-Allee. Fue en aquel departamento adonde escribió gran parte de su obra capital, luego publicada por la editorial Brockhaus. La importancia de su obra era algo que él no ignoraba, como se lo expresó a Friedrich Arnold Brockhaus en una carta adonde le ofreció su libro para ser publicado: *"Mi obra es un nuevo sistema filosófico, pero nuevo en todo el sentido de la palabra: no una nueva exposición de lo que ya existe: sino una serie de pensamientos en alto grado conectados, que no han sido alcanzados antes por ninguna mente humana"*[18].

1818
Primer viaje a Italia

(Weimar) El gran maestro de Weimar estaba intrigado en saber qué obra le había llevado al hijo de Johanna —supuestamente— más de cuatro años de trabajo. ¿Tendría el joven y arrogante Arthur Schopenhauer el talento necesario para concebir una obra que lograse perdurar como lo haría la suya propia? —pensaba Goethe mientras releía la última carta donde su joven amigo le había anunciado el título de su nueva obra, el fruto de su vida. También imaginaba que el novel filósofo quería viajar a Italia para despejar su mente de tanto esfuerzo intelectual. Viajar era poder dejar atrás los problemas y en Italia habría seguramente algo que podría cambiarle la vida.

(Dresde) Guardó en el bolsillo de su saco la carta de presentación que Goethe le había enviado sabiendo que no sólo le sería útil, sino que también le traería buena suerte. Pero ahora era mejor olvidarse de su amigo de letras y de todo el esfuerzo de los últimos años, esperando que Brockhaus publicase su libro tal cual lo acordado y del cual podría vanagloriarse a su regreso. En su futuro inmediato, en unas pocas semanas, estaban las calles de Italia plenas de sol y de belleza, y posiblemente

el amor que no podía encontrar en las destempladas ciudades de Alemania.

• • •

Inició su viaje a Italia en septiembre sin esperar a la publicación de su obra principal, la que apareció en diciembre de 1818 pero con fecha de impresión 1819. A Goethe le había anunciado su partida a Italia en una carta en el mes de junio*: "Es decir, durante más de cuatro años de trabajo aquí en Dresde ahogué los gemidos y lamentos y realicé las labores diarias que debía. Así que ahora deseo irme de aquí y llegar al país adonde están floreciendo los limones…"*[19]. Por su parte, Goethe le había enviado una carta de presentación para Byron —quien se encontraba en Venecia— a quien Schopenhauer evitó ver por miedo a que intentara conquistar a su amante Teresa Fuga. Venecia fue la primera ciudad que visitó, llegando en los últimos días de octubre, y a los pocos días de su llegada escribió en su cuaderno de notas llamado "Reisebuch" (Libro de viajes): *"Cualquiera que es trasladado a un país o a una ciudad completamente extraña, donde existe una forma de vida muy distinta a la suya propia, incluso también un idioma diferente: de repente se siente tocado por una temperatura que difiere mucho de la suya propia, siente una violenta influencia externa que lo atemoriza. Se encuentra en un escenario que le es ajeno, en el que no se puede mover con soltura. Encima de eso, como a él todo le llama la atención, tiene temor de ser* *observado de esa misma manera. Pero, como ocurre con aquellos que se sumergen en agua fría, en cuanto se ha calmado un poco, se familiarizó con los alrededores y comenzó a aceptar su temperatura, se sentirá extraordinariamente bien [...]"*[20].

1818
Teresa Fuga, la amante veneciana

(Venecia) Los días de extrema concentración para ver el nacimiento de aquel tratado habían quedado en el pasado. Por los canales de Venecia bajo el sol y de la mano de Teresa nada del pasado era de interés, y ella lo posesionaba más que las ideas filosóficas y las interminables tardes en la biblioteca de Dresde. Por Teresa era por quien podría perder la cabeza a pesar de su falta de cultura, dado que sólo importaban su voluptuosidad y su pasión en los juegos nocturnos. Entonces solamente existía el furor ciego, sin necesidad de pensamientos para vivir la lujuria de Venecia y de los placeres terrenales junto a ella.

• • •

Al llegar a Venecia tuvo una relación amorosa con Teresa Fuga, una joven de unos veinticinco años de la cual muy poco se sabe. En mayo del siguiente año, Teresa le envió una carta indicando como destinatario al "Signor Arthur Scharrenhans", carta plagada de errores gramaticales y sin signos de puntuación, donde decía: *"recibí tu carta con mucho placer sintiendo que no me has olvidado y que conservas para mí tantas atenciones pero créeme mi querido que yo no te he olvidado […] estoy feliz de que hayas hecho bien tu viaje desde nápoles y roma y que estés bien de salud te quiero y quiero verte vamos tenerte abrazarte y pasar días juntos […] con respecto al empresario no lo tengo más y hace mucho tiempo que tengo a este otro es un inglés que ha escapado de inglaterra y ha venido a venecia por desesperación no es de los adecuados para hacer el amor […]"*[21]. Su amiga Teresa también incluyó en su carta dos poesías, una llamada "Prendice" y una "Cansoneta Veneziana".

1819
Quiebra el Banco Muhl donde tiene parte de su fortuna

(Milán) Dejar Italia, dejar el sol y el encanto de sus calles estrechas, dejar el mar, dejar el cielo y dejar a las mujeres hermosas. Había mucho para proteger: dinero, inversiones y un cuantioso patrimonio. ¿Cómo dedicar la vida al intelecto, la escritura y los grandes pensamientos sin la fortuna heredada? Esperaban días difíciles al retornar a Alemania, llenos de ansiedad, de estratagemas financieras y de planes de un futuro económico. Era inevitable partir, dejar aquellos días de magia... y olvidar a una mujer que hubiera podido cambiarlo todo.

• • •

Al cumplir veintiún años recibió la herencia de su padre (estimada en 21000 Táleros, equivalentes a 37000 Florines) fortuna que le sirvió para ser independiente y vivir toda su vida sin trabajar, aunque mayormente de una forma austera, salvo por algunas excepciones como los dos viajes que realizó a Italia. En su primer viaje "al país adonde están floreciendo los limones" —como él mismo llamó a Italia siguiendo un verso de Goethe— recorrió Venecia, Boloña, Florencia y Roma entre octubre y diciembre de

1818, y el año siguiente visitó Nápoles, Roma y Milán. Fue en Milán donde recibió una carta de su hermana Adele con la desagradable noticia de la quiebra del banco Muhl, a donde él tenía invertida buena parte de su fortuna, mientras que su madre y su hermana tenían en ese banco la mayor parte de su dinero. Su hermana le escribió: *"…Gracias a Dios Arthur, sólo tienes allí 8000 Florines, por lo que al menos uno de nosotros no es del todo infeliz. Mi vida ha cerrado un ciclo de esta manera y empieza uno nuevo, sin fortuna y sin amigos, porque aquí la vida es demasiado cara y demasiado difícil…"*[22].

1820
Obtiene un puesto de Profesor en la Universidad de Berlín

(Berlín) Un proyecto se había gestado subconscientemente para superar la mediocridad que veía en las cátedras y en el clima cultural de Alemania. En la misma universidad y a la misma hora, Arthur Schopenhauer programaría su cátedra para competir contra el prestigioso Hegel. Pocos conocían sus ideas, nadie conocía su talento. No eran necesarios otros recaudos para llevar a cabo ese proyecto.

• • •

En el mes de marzo tuvo lugar su ponencia de prueba en la Universidad de Berlín, de la cual Hegel formó parte del jurado. Schopenhauer obtuvo un puesto como Privatdozent, un cargo docente que todavía existe en las universidades alemanas. Escribe Gwinner: *"…dictó clases en el verano de 1820 sin llegar a terminarlas y después nunca más lo hizo, si bien es cierto que en la Universidad, con la excepción de sus tres años de ausencia desde mayo de 1822 hasta 1825, sus cursos aparecieron de manera regular en el catálogo hasta el semestre de invierno de 1831 a 1832… […] Durante doce años se mantuvo firme a su plan original, en el cual no sólo aparecía siempre en la misma Universidad, si no que aun perseveraba en poner su curso a la misma hora en la que Hegel daba sus clases ante la afluencia de todas las Facultades. El fracaso total no lo indujo a modificar su régimen de clases. Tampoco intentó, con buenas razones, tratar de enseñar de manera pública o gratis. No aceptaba que la culpa del fracaso estuviera de su lado, sino únicamente del lado de sus contemporáneos […]"*[23].

1820
Comienza su odio hacia Hegel

(Berlín) Mientras caminaba por un amplio corredor de la universidad, Schopenhauer vio a Hegel caminar a la distancia mientras dialogaba con tres alumnos. Al contemplar esa escena no pudo más que sentir una molestia estomacal, mientras pensaba cómo aquel charlatán seguía contaminando las mentes de los jóvenes de Alemania mientras él era ignorado y sus clases continuaban semidesiertas. Esa misma noche, su descanso estuvo interrumpido en diversas ocasiones por extraños sueños. Por la mañana poco recordaba sobre lo que había ocurrido en esos sueños que tanto lo habían perturbado, aunque sí recordaba el rostro de Hegel de una manera que nunca había visto en la vigilia. Durante la tarde en su seminario había sólo dos alumnos en el amplio salón y a pesar de eso se sintió relajado y sin sentimientos de rivalidad.

• • •

Ya desde la disputa que mantuvo con Hegel durante su ponencia de prueba —sobre la cual otro miembro del jurado le dio la razón a Schopenhauer— comenzó a generar animadversión contra quien era en ese entonces el filósofo estrella de la universidad de Berlín.

Debido a aquel incidente, habría de tildar a su adversario de "*Monsieur No-sabe-nada*"[24]. El odio hacia su rival se fue haciendo más profundo, viendo además como las clases de Hegel estaban atestadas de alumnos, mientras que a su curso del semestre de verano de 1820 asistían menos de cinco estudiantes y en los 4 semestres subsiguientes no hubo ningún inscripto a sus cursos. Todos sus escritos a lo largo del tiempo habrían de criticar a Hegel de manera feroz y, por qué no decirlo, en un tono de absoluto desprecio. En su cuaderno de notas llamado "Foliant" escribió hacia 1827: *"La filosofía hegeliana se ha convertido en una gran cátedra de sabiduría: en lugar de pensamientos, contiene meras palabras: y los jóvenes quieren palabras para orar, escribir y llevar a casa: no pueden usar pensamientos. Así que logra perfectamente lo que su autor quiso que lograra. A esto se suma el hecho de que sus resultados no son más que los principios fundamentales de la religión del país, esos que todos han succionado con la leche materna y que, en consecuencia, posteriormente han determinado como irrevocables"*[25]. En una carta escrita en 1829 decía: *"... ahora vemos a un presuntuoso y charlatán, sin sombra de mérito —me refiero a Hegel— con un conjunto de disparates rimbombantes y posturas cercanas a la locura, engañando a una parte del público alemán..."*[26]. En "El Fundamento de la Moral", enviado al concurso de la Real Academia Danesa en 1839, escribió: *"Fichte y Schelling brillan como los héroes de este período. Y hacia el final de la lista, mucho más bajo que estos hombres de talento e indigno de ellos, está también el torpe de Hegel, charlatán sin sentido"[27].* En "Sobre la Filosofía Universitaria", publicado en 1851 como parte de su último libro llamado "Parerga y Paralipomena", leemos lo siguiente: *"Los seguidores de Hegel tienen razón cuando afirman que la influencia de su maestro en sus contemporáneos ha sido inconmensurable. Toda una generación académica completamente paralizada en su espíritu, incapaz de pensar de ninguna manera. Sí, se ha llegado tan lejos que ya no saben más qué es pensar; sólo fabrican juegos maliciosos y al mismo tiempo absurdos con palabras y con conceptos, o parlotean irreflexivamente sobre la temática tradicional de la filosofía con afirmaciones sacadas de la nada, o con frases completamente sin sentido o inclusive contradictorias, que se tienen por pensamientos filosóficos. Ésa ha sido la exaltada influencia de Hegel"[28].*

1821
Conoce a Caroline Medon, el gran amor de su vida

(Berlín) El diálogo comenzó cerca de la boletería del teatro. Schopenhauer averiguaba por una función de ópera y pensó que aquella joven también estaba interesada en asistir a la próxima representación. La fascinación no se debía a los intereses musicales ni literarios, sino a una conexión de caracteres que no requería otros puntos en común. Unas pocas palabras fueron suficientes para que ocurra algo que pocas veces había ocurrido en su vida, y a través de un simple diálogo Caroline estaba entrando en la historia sin saberlo.

• • •

La relación que mantuvo con Caroline Medon (cuyo verdadero apellido era Richter) duró unos diez años, hasta que él abandonó Berlín por la epidemia de cólera. Durante todos esos años, nunca vivieron juntos ni tampoco fue una relación permanente, sino que se veían o se dejaban de ver de tanto en tanto. Caroline trabajaba en el coro de la ópera de Berlín y más tarde también en otros puestos teatrales, teniendo que abandonarlos más adelante por razones de salud. Tuvo dos hijos, el primero nacido en mayo de 1820, cuyo padre fue probablemente Luis Medon (un secretario eclesiástico) de quien ella adoptó el apellido a partir de ese momento. Su segundo hijo nació en marzo de 1823 mientras Schopenhauer hacía un extenso viaje por Italia, y en este caso se ignora quien puede haber sido el padre. Caroline firmaba sus cartas personales como "Ida" dado que ese era el nombre que usó desde pequeña, aunque en su partida de nacimiento se lee: "Caroline Wilhelmine Richter"[29]. Cuando se trataba de cartas de carácter oficial, firmaba sin embargo como "Caroline Richter" o "Caroline Medon". Por otro lado, si bien no se conservan las cartas que Schopenhauer le envió, es de esperar que él también haya usado Ida para llamarla en el trato diario. En una de sus cartas Caroline le escribió *"…y así como tú me llamaste princesita…"*[30], aunque no es claro si él la llamaba "princesita" de manera habitual.

1821
En un rapto de ira golpea a su vecina, la señora Marquet

(Berlín) Había regresado cansado a su departamento y de un humor que rajaba las paredes, viendo sus clases sin alumnos y sus cursos universitarios cancelados, viendo el éxito de la vanidad, con penosas noticias de los volúmenes de su extraordinaria obra sin vender, pensando constantemente en sus finanzas e inversiones, nervioso y agitado esperando a Caroline que seguramente estaba teniendo otro romance secreto. Y sólo faltaban aquellas mujeres de nuevo frente a su puerta hablando de esa manera estridente… intolerable… semejante al chasquido de una fusta en sus tímpanos. Sintió ganas de empujarlas pero intentó medios pacíficos. Dos de ellas se retiraron en silencio porque vieron su rostro con una extraña irritación, pero la señora Marquet quiso desafiarlo permaneciendo en su lugar. Ella ignoraba que no podía desafiar a quien cargaba con tantas imágenes de sueños no cumplidos que convergían en ese momento sin que existiese ningún canal de disipación o de catarsis. Schopenhauer pensó en tomarla del cuello y arrojarla contra la pared de la antesala, aunque una fuerza interior lo hizo contenerse sabiendo que era una persona de una

educación singular. Sin embargo, otra parte de su ser, que no conocía ni de leyes ni de educación, gritó para desahogarse de todas las cargas, de la opresión y de la rabia. Schopenhauer se veía a sí mismo gritándole y pateándola en el suelo creyendo que era sólo un deseo en su mente y sin comprender que eso sucedía realmente. La señora Marquet también gritaba mientras pensaba en los litigios jurídicos y en el rédito económico de su torpe desafío.

• • •

Unas dos semanas antes del incidente, Schopenhauer había encontrado en la antesala de su departamento a tres mujeres que estaban charlando, y le pidió a la dueña del inmueble que tome medidas sobre ese asunto dado que esa antesala —que servía de entrada a su departamento— no podía ser usada por otras personas. La dueña del inmueble estuvo de acuerdo con su queja y le aseguró que no iría a ocurrir otra situación de ese tipo. Una de esas mujeres era la señora Marquet, de profesión costurera y quien vivía en el mismo edificio. El día 12 de agosto, cuando ocurrió el altercado, él regresó a su departamento por la tarde y encontró nuevamente a Marquet charlando con dos amigas en la antesala mencionada. Fue inmediatamente a buscar a la dueña del inmueble pero ella no se encontraba en ese momento. Según él mismo lo relató en el juicio: *"Cuando me enteré que la dueña no estaba en casa, yo mismo les hice saber a las mujeres que no estaba permitido quedarse aquí, y les dije que la dueña me había dado la seguridad que aquí nadie podía quedarse. Así que les pedí que se fueran de inmediato. Ambas muchachas no pusieron reparos en irse: sólo la demandante se negó a hacerlo alegando que 'era una persona respetable'. Repetí enfáticamente mi pedido y me fui a mi habitación, con el anuncio de que no quería volver a encontrarla cuando saliera. Después de un rato, salí de nuevo. [...] Nuevamente le pedí a la demandante que se fuera y le ofrecí mi brazo para instarla a salir, como confirmarán los testigos. Ella insistió en que quería quedarse"*[31]. Finalmente, él la sacó por la fuerza en un ataque de ira, pero cómo ocurrió el incidente fue relatado de muy distinta manera por cada una de las partes. Marquet lo demandó ese mismo año y la primera instancia del juicio dio un resultado favorable para Schopenhauer, quien creyó que aquel molesto episodio había quedado en el olvido. La apelación por parte de Marquet, quien adujo que no podía continuar trabajando como consecuencia de los golpes que había recibido, se extendió hasta el año 1827. La resolución final de la corte lo obligó a pagar a la demandante una renta vitalicia de 5 Táleros mensuales. En su declaración en el juicio, él negó haberle pegado, diciendo*: "Finalmente amenacé con echarla y como ella me quiso desafiar, ocurrió esta situación. Pero no que la tomé con ambas manos de su cuello —lo que ni siquiera se puede imaginar— sino que la tomé, porque era conveniente, de todo su cuerpo y la arrastré afuera, aunque ella se resistió* *con todas sus fuerzas. […] entonces la eché de nuevo, aunque ella se defendió ferozmente y chilló con todas sus fuerzas […] Cuando la empujé por segunda vez fuera de la puerta ella se cayó, creo que de forma intencional. […] La verdad es que, tan pronto como saqué a la demandante por la puerta, no la toqué más. […] No se desmayó, sino que se levantó, se sentó en una silla y repetidamente me aseguró que quería demandarme"[32]*. El proceso judicial, con sus idas y venidas y extendido a lo largo de muchos años, fue un hecho que llegó a mortificarlo, como él mismo lo expresó en su diario "Eis Heautón" hacia 1833: *"Durante años me atormentó el miedo a un juicio penal por el asunto de Berlín, por la pérdida de mi patrimonio y por la impugnación de la división de la herencia de mi madre"[33]*. La señora Marquet falleció en 1841, y en su certificado de defunción Schopenhauer escribió: *"obit anus abit onus"[34]* (murió la anciana, terminó el yugo).

1822
Segundo viaje a Italia

(Berlín) El sabor era amargo. Tantos días de felicidad junto a Caroline se habían tornado en un trato distante, e imaginaba que ella tenía un nuevo amante. Sentirla alejada, sabiendo que era la mujer con quien más había disfrutado el tiempo en común a pesar de las diferencias de intereses y de educación. Para sentir aún más el sabor amargo de la vida estaban sus cursos cancelados y la figura del éxito de Hegel que contrastaba con su fracaso universitario. Para sumar a sus desavenencias estaba el juicio con la señora Marquet, insoportable, aún más insoportable que sus gritos aquella tarde infame. Su triste caminar por Berlín podría tener un fin. No el fin que da la muerte sino el gozo que ya había conocido en Italia. Italia era una puerta de escape a su vida en Berlín que estaba colmada de sinsabores. Ahí podría encontrar un nuevo amor o por lo menos disfrutar de algunas noches de concupiscencia, y también habría de gozar del buen clima y del trato amable que no tenía en su propio país.

• • •

Comenzó su segundo viaje a Italia en el mes de mayo, haciendo primero una parada en Suiza durante el verano. Llegó a Milán en agosto, viajando después a Venecia y finalmente a Florencia donde pasó el invierno. Pocos días antes de su partida le escribió a un amigo desde Berlín: *"Mi partida se ha retrasado hasta este momento por culpa de pequeños obstáculos fastidiosos que se fueron sucediendo uno tras otro, de la misma forma en la que el pesado ajetreo de la vida forma una cadena sin fin. Gracias a Dios en 3 días podré continuar viaje. Con gusto dejaré atrás el árido Berlín y pronto también a mi muy entintada, verborrágica Madre Patria"*[35]. Y en octubre volvió a escribirle desde Florencia: *"La 2da entrada en Italia fue aún más agradable que la primera: ¡con qué alegría he saludado cada peculiaridad italiana! Lo extraño y desconocido no nos asusta la segunda vez como ocurrió la primera: incluso a lo molesto, lo desagradable y lo incómodo se lo recibe como a un viejo conocido; se sabe cómo encontrar lo bueno y se comprende cómo disfrutarlo. Descubrí que todo lo que viene directamente de las manos de la naturaleza, el cielo, la tierra, las plantas, los árboles, los animales, los rostros de las personas, están aquí como precisamente deberían estar: en cambio con nosotros están sólo así, como podrían estar en la adversidad"*[36].

1823
Es atendido en Múnich
por el Dr. von Grossi

(Múnich) Su cuerpo temblaba en la sala de espera y apenas si podía mantenerse sentado dado lo doloroso de sus hemorroides. La secretaria lo miraba de soslayo, viendo su cara pálida, con cierto sudor que contrastaba con el clima frío que se había apoderado de Múnich en los últimos días. Finalmente llegó el momento de la penosa revisación, y tuvo que tolerar ese vejamen de manoseos dado que sus dolores eran más fuertes y agudos que verse expuesto de esa desagradable manera. El Dr. von Grossi creyó inicialmente que se trataba de un personaje de baja educación, contagiado probablemente con sífilis que era algo común para un hombre de escasos conocimientos y posibles malas compañías. Al finalizar la revisación, leyó las notas de su secretaria que indicaban que se trataba del Dr. Arthur Schopenhauer. Al preguntarle, supo que no era doctor en medicina si no en filosofía, y nada más preguntó, dándose cuenta de que tal vez los filósofos no conocían lo suficiente de normas de higiene, y en el caso de su paciente los prostíbulos deberían ser su inclinación o un lugar de desahogo. Al despedirse, luego de fijar una nueva cita en pocos días, se

lavó las manos con exageración, esperando que el señor Schopenhauer no regresara.

• • •

Regresando de Italia, debió hacer una alto en Múnich, permaneciendo allí por más de un año debido a una serie de padecimientos que le hicieron imposible continuar su viaje (en ese entonces el trayecto desde Múnich a Berlín llevaba unos tres o cuatro días). Durante su obligada estancia en la capital de Baviera consultó al doctor Ernst von Grossi, quien lo atendió tanto en su consultorio como en el domicilio de Schopenhauer. Él mismo relató sus síntomas en una carta enviada a un amigo en mayo de 1824: *"Vine aquí hace un año y unas seis semanas después, cuando quería continuar mi viaje, comencé a sufrir una cadena de enfermedades que me mantuvieron aquí todo el invierno. Padecí de manera sucesiva hemorroides con fístula, gota y enfermedades nerviosas: tuve que pasar todo el invierno en mi habitación, con un gran sufrimiento. Desde hace un mes estoy mejor, pero aún con los nervios débiles y me tiemblan las manos [...] y encima mi oído derecho está completamente sordo"*[37]. Von Grossi sería mencionado años más tarde en una de sus cartas como *"el testigo de mi severo sufrimiento"*[38].

1823

El Dr. von Grossi le receta un medicamento empleado para casos de sífilis

(Múnich) Lo había imaginado, de alguna forma lo sabía, pero había sido mejor pensar que no era cierto o actuar como que ignoraba qué estaba ocurriendo. El Dr. von Grossi se lo decía con palabras corteses y cautelosas para que ya no existieran dudas y para que no pudiera volver a negarlo. Todos sus dolores y sus síntomas eran causados por la sífilis que se manifestaba en su cuerpo como una deshonra. Tal vez no había sido lo suficientemente cuidadoso ni precavido en los burdeles de Italia, pero aun así pensaba que había valido la pena ya que todo lo que había disfrutado jamás habría de olvidarlo. Y ahora tendría que soportar al maldito von Grossi y a su desagradable tratamiento que lo llenaba de miedo y de nuevos temblores. Por sobre todo tenía que rezar —aunque no creía en ello— para lograr sobrevivir y para poder continuar escribiendo su obra filosófica.

• • •

En uno de sus cuadernos de apuntes, al que denominaba "Brieftasche" (Billetera), se encontraron los nombres de los medicamentos que el Dr. von Grossi le había recetado. Uno de ellos fue escrito por Schopenhauer como "Praec. Rub."[39], que corresponde a "Mercurius Praecipitatus Ruber", empleado usualmente como un tratamiento para la sífilis. En una conversación ocurrida algunos años más tarde, él había relatado sus medidas de precaución al tener sexo en un prostíbulo: *Una vez Schopenhauer me contó lo siguiente: Que las ciencias naturales habían creado un maravilloso invento, que daba uno de los mayores beneficios a la raza humana. Se había encontrado un mecanismo que permitía satisfacer las demandas de la naturaleza sin correr el riesgo, como siempre ocurre, de infectarse con algo en un prostíbulo. El método consiste en disolver una porción de cal clorada en un vaso lleno de agua y bañar el pene en esa mezcla después del coito, con lo cual cualquier veneno que se haya contraído se destruye por completo*[40]. También escribió sobre su escepticismo a los procedimientos terapéuticos de los médicos de ese entonces, aunque hizo una excepción en lo que se refiere al tratamiento de la sífilis: *Los medicamentos que recetan los médicos sólo están dirigidos contra los síntomas, que ellos consideran el mal en sí [...] Por otro lado, si le damos simplemente tiempo a la naturaleza, progresivamente ella misma logra la curación [...] Admito que hay excepciones, es decir, casos en los que sólo el médico puede ayudar: la sífilis en particular es el triunfo de la medicina. Pero por mucho, la mayoría de las recuperaciones son simplemente obra de la naturaleza, por las que el médico recibe el pago [...]*[41].

1824
Realiza una cura con aguas termales en el municipio de Bad Gastein, Austria

(Bad Gastein) La asistente le proveyó algunas toallas al Dr. Schopenhauer luego de su baño termal y lo saludó con amabilidad sabiendo que se trataba de un huésped ilustre. Schopenhauer se sentía raro en aquel entorno luego de soportar aquel invierno de sufrimiento sometido a las curaciones del Dr. von Grossi. Recuperado de su enfermedad pero aún sintiéndose débil, las aguas termales y otras técnicas lo estaban ayudando a recobrar su vigor y energía. Sabía que la herencia de su padre le permitía llevar aquella vida disipada de viajes sin la necesidad de un puesto bien pago para solventar sus gastos, incluida la estancia en aquella confortable residencia de recuperación y descanso. Mientras reposaba luego de sus baños y sintiendo en su cuerpo la acción milagrosa de las aguas de Bad Gastein, pensaba constantemente en temas alejados de aquel entorno. Naturalmente en Caroline, aunque también en sus noches de lujuria en Florencia. Asimismo pensaba en su carrera académica sin éxito, y por sobre todo en el pleito con la señora Marquet y en cuánto de su

patrimonio sería dilapidado si aquel juicio aca-
baba en su contra.

• • •

Para continuar con la recuperación de su salud por la enfermedad que comenzó a padecer el año anterior durante su estancia en Múnich, viajó a un centro de rehabilitación adonde permaneció durante un mes. Según lo dijo en la carta que le envió a un amigo en el mes de mayo: *"Todos estos males van a sanarse en el conocido Bad Gastein en el sur de Austria, hacia donde parto en unos pocos días: debe de ser el más efectivo baño en el mundo. Se dicen maravillas de él"*[42].

1827
Contacta a Friedrich Wilhelm Thiersch para intentar conseguir un cargo docente en Wurzburgo

(Berlín) ¿Por qué no contestaría su carta el Sr. Thiersh? ¿Podría acaso ayudarlo a encontrar un cargo de profesor en la Universidad de Wurzburgo? ¿Estaría el Sr. Thiersh ocupado o no tenía interés de responder a las preguntas de un joven filósofo de talento? ¿Sabría además algo sobre el talento del Dr. Schopenhauer? El consejo universitario de Wurzburgo tendría que saber mucho más sobre aquel joven filósofo para decidir si valía la pena contratarlo. Tendrían que pedir asesoramiento sobre su pasado, su aspecto, sus libros, su carrera, sus amistades y su resonancia en el ámbito académico. ¿Sabría el Sr. Thiersh todas esas cosas? ¿Quién podría entonces dar asesoramiento imparcial para otorgar un puesto a quien muy pocos conocían?

• • •

Friedrich Wilhelm Thiersch era un magistrado del sistema educativo alemán a quien Schopenhauer había conocido durante su estancia en Múnich en 1823. En septiembre de 1827 le escribió una carta tratando de obtener información sobre las posibilidades de obtener un cargo docente en la Universidad de Wurzburgo. Dado que no recibía una respuesta, volvió a insistir en otra carta dos meses más tarde, donde decía: *"Hace más de 2 meses que le envié una carta detallada, cuyo contenido principal era comentarle que tengo el propósito de trasladar mi lugar de residencia a Wurzburgo… […] Desde entonces, he esperado con gran anhelo y no poca esperanza su amable respuesta, la cual no he recibido"*[43]. Pero la tardanza del Sr. Thiersch se debió a que había comenzado a realizar averiguaciones y quería tener más datos antes de darle una respuesta. Finalmente, Thiersch lo alentó a que enviara una aplicación formal al Ministerio de Educación de Baviera, desde donde iniciaron una consulta para averiguar qué se sabía de él. Los consultados por el Ministerio dijeron sobre él entre otras cosas: *"Schopenhauer no tiene renombre de ningún tipo, ni como como escritor ni como profesor […] El tal Schopenhauer, cuya apariencia poco atractiva me es bien conocida…"*[44], y también: *"…no puedo juzgar sobre sus escritos, ya que no los conozco en absoluto; pero en lo que respecta a su persona, siempre me ha parecido muy presuntuoso"*[45].

1828
Contacta a Georg Creuzer para intentar conseguir un cargo docente en Heidelberg

(Berlín) La respuesta de Creuzer le había resultado desagradable y amarga. Al decir del Profesor Creuzer, tampoco podría encontrar en Heidelberg un nuevo horizonte para su vida ni público para su filosofía. ¿Qué habría de hacer entonces? ¿Permanecer en Berlín para continuar viviendo la decepción de clases desiertas o canceladas por falta de alumnos? ¿Era posible encontrar una explicación a todo lo que ocurría en su vida, a sus frustraciones y a la juventud de un genio que nadie quería reconocer? Tal vez era mejor no buscar explicaciones e intentar vender su alma —su filosofía— y ponerse al gusto de los profesores de moda. Pero el joven Schopenhauer sabía que no vendería su alma pues había en él un futuro mucho más largo que el de sus contemporáneos, a pesar de sus fracasos y de vivir día tras día en el anonimato.

• • •

Georg Friedrich Creuzer era profesor de filología clásica en la Universidad de Heidelberg a quien Schopenhauer se dirigió en una carta en febrero de 1828 para indagar la posibilidad de obtener un cargo en aquella universidad: *"Ya desde el momento en que vi Heidelberg por primera vez, tuve el deseo y concebí el plan de vivir allí algún día. […] Mi motivación principal es que el clima templado, los hermosos alrededores e incluso la vida en una ciudad más pequeña se ajustan mucho más a mi carácter que Berlín. […] No obstante, ahora también deseo obtener allí el 'Derecho de Enseñar' en la Universidad, como lo tengo aquí desde 1820 […] y claro, tener también allí un puesto en la sociedad civil y poder mantener cierta pequeña repercusión en el exterior…"*[46]. Creuzer respondió diciendo que el interés por la filosofía había decrecido enormemente en el sur de Alemania y dio su negativa a ayudarlo: *"…ante estas circunstancias no he podido ni tampoco he querido tomar acciones ante nuestro gobierno relativas a su asunto —medidas que, al tratarse de un miembro de la Facultad, son de alguna manera hostiles hacia sus colegas"*[47].

1828
Pide la mano de Flora Weiß, una joven de diecisiete años

(Berlín) ¿Qué habría dicho Flora sobre él? ¿Por qué el señor Weiß se había mostrado tan reacio a su propuesta de casamiento? ¿No era él un buen pretendiente para su hija a pesar de la diferencia de edades? Flora era tan vivaz y tan simple, y su rostro y sus maneras se aparecían en sus sueños, en sus caminatas y en la quieta soledad de su departamento desarreglado y caótico. Y ahora tendría que continuar viviendo con la memoria de aquel rechazo esperado aunque poco comprensible, sintiéndolo en sus días de pasos silenciosos por las fatigosas calles de Berlín, con tan pocas personas con quienes mantener un simple diálogo. Tal vez fuera una opción visitar una vez más a Caroline a pesar de tantos meses de no saber nada —absolutamente nada— de ella. Debería haber una nueva oportunidad, un nuevo futuro, para escapar a los días de soledad y de hastío insoportable y del silencio que lo estaba acorralando. A pesar de aquel rechazo tendría que existir algo nuevo en su vida, aunque no llegara a entender qué podría ser porque su intuición lo había dejado sin pistas en ese momento tan sensible y tan lacónico, y aunque no tuviera ninguna noticia de

Caroline quien era, después de todo, a quien más había amado nunca.

• • •

Flora tenía diecisiete años cuando Schopenhauer (quien entonces tenía cuarenta años) fue a hablar con Johann Weiß para pedir la mano de su hija. El siguiente relato, conocido dentro de la familia de la joven, le fue transmitido a Gwinner en una carta: *"Cuando Schopenhauer le pidió la mano de su hija Flora, él lo llevó hasta la ventana y señaló hacia ella, quien estaba debajo en el patio jugando con sus hermanos; Flora estaba muy bella, con un sombrero florentino de paja sobre su cabeza. El padre le dijo que ella era todavía una niña, a lo cual Schopenhauer contestó que eso era lo que a él le gustaba de ella. Para hacer más atractiva su propuesta afirmó que él tenía un medio de vida seguro para el futuro de su hija. El padre le dejó a ella la decisión, y ella mostró una aversión tan vívida contra Schopenhauer (incrementada además por pequeñas atenciones que él tuvo con ella) que el fracaso de su propuesta de matrimonio no pudo ponerse en duda"*[48].

1828
Cancela su curso de filosofía a pesar de tener diecisiete alumnos inscriptos

(Berlín) Había comprendido que no sería posible encontrar un nuevo cargo docente en Heidelberg ni tampoco en Wurzburgo, y además tendría que soportar el ácido recuerdo del rechazo de Flora Weiß, como también que la obra capital de su vida no había tenido ninguna repercusión. Y en su mano estaba —finalmente— un formulario con diecisiete inscriptos a su curso "Philosophia Prima". En otro momento hubiera sentido eso como un signo de su próximo triunfo. Pero ya no había de qué vanagloriarse. Ni tampoco era necesario caminar por los corredores de la Universidad de Berlín para observar a aquellos alumnos perdidos por las palabras de Hegel, aquel charlatán sin sentido. Era entonces mejor cancelar una vez más su curso de filosofía y esperar que su reconocimiento llegase en algún momento del futuro.

• • •

Para su curso "Philosophia Prima" del semestre de invierno de 1828/1829, había diecisiete inscriptos en el formulario de bedelía. A pesar de eso, el curso no tuvo lugar. En una carta escrita en 1836 dijo lo siguiente sobre su carrera académica en Berlín: *"En 1820 me habilitaron como instructor en la Universidad de Berlín; el cargo es una especie de profesor honorario, no pagado por el Gobierno sino por los estudiantes: a partir de éste, uno se convierte en profesor. En realidad sólo he enseñado durante los primeros 6 meses, en 1820, y luego he mantenido el cargo pero sólo formalmente. Así y todo residí en Berlín desde 1820 hasta 1831, excepto por 3 años de ausencia y de viajes"*[49].

1828
La Editorial Brockhaus le informa que destruyó parte de los ejemplares de su obra capital

(Berlín) Aquel día sentía que el mundo se desmoronaba. Seguía leyendo la carta que había recibido de Brockhaus y continuaba sin poder creerlo y sin poder aceptarlo. Los volúmenes remanentes de la primera edición de su obra capital habían sido vendidos como papel viejo. ¿Era eso posible o el mundo necesitaba muchas más décadas o tal vez siglos para entender la verdad de este mundo aciago? Quizás la gente prefería quemar su obra para negar la verdad, porque la verdad era atroz y podía tornar espantosos los pocos años que había para vivir. Muy pocos habían estado interesados en su obra, pero la victoria tendría que llegar algún día, fuese mientras él viviera o algunos años o siglos después de su muerte. Podría existir un pequeño grupo de hombres iluminados que llegasen a la verdad y entendiesen como era el mundo realmente. Sabía que algún día harían una estatua con su nombre.

• • •

Al cumplirse diez años de la primera edición de "El Mundo como Voluntad y Representación", obra de la cual F. A. Brockhaus había hecho imprimir 750 ejemplares, Schopenhauer le escribió a la Editorial en el mes de noviembre: *"Ciertamente no le sorprenderá que me tome la libertad de preguntar sobre las ventas de mi obra; sobre todo ahora que justo se cumplen 10 años desde su publicación. […] le ruego que me diga cuántos ejemplares se han vendido hasta ahora y cuántos quedan todavía en stock, porque no sé con certeza cuántos Usted había hecho imprimir"[50]*. La respuesta de Brockhaus llegó a los pocos días: *"De las obras de Usted que yo he publicado, quedan en total unas 150 copias disponibles en stock, pero cuantas he vendido no puedo decirle, ya que hace varios años he tirado una gran cantidad como papel viejo. Hasta donde yo sé, la venta tanto hoy como en el pasado ha sido insignificante"[51]*.

1829
Brockhaus rechaza publicar su traducción de Gracián

(Berlín) Dejó la carta de Brockhaus sobre la mesa acompañada de un ligero temblor y volvió a percibir que el fracaso estaba acechándolo. A pesar de su malestar, continuaba determinado a seguir con su traducción que iría a maravillar al público de Alemania, aunque tendría que conseguir otro editor para el Oráculo Manual, pues sabía que convencer a Brockhaus habría de ser imposible en esa ocasión.

• • •

De manera autodidacta, había estudiado español desde 1825 con el objeto de leer a los clásicos como Cervantes, Calderón y Gracián. En el mes de mayo de 1829 le ofreció a la editorial Brockhaus publicar su traducción del Oráculo Manual, del cual había traducido hasta ese momento una sexta parte del libro. La respuesta de Brockhaus llegó en menos de una semana: *"Declino su aplicación para publicación y, como tampoco puedo discutir su oferta con otros editores, le devuelvo adjunto su manuscrito"*[52]. A pesar de la rotunda negativa que recibió de la editorial, continuó con la traducción del Oráculo Manual hasta completarla e intentaba publicarla usando el pseudónimo de "Felix Treumund"[53] como traductor de la obra. Sin embargo, la obra solo fue publicada de manera póstuma.

1831
Llega el cólera a Berlín

(Berlín) El cólera avanzaba hacia la ciudad y la desolación de la muerte penetraba en su departamento a través de las rendijas, de los goznes y de las frías celosías. Su talento no reconocido no era nada para alejar a aquella temible enfermedad que lo estaba persiguiendo. Sus sueños premonitorios confirmaban que tendría que huir para poder continuar con su obra. No importaba continuar con su vida dado que en ella existía únicamente sufrimiento y soledad. Sólo en algunos claros instantes existía un silencio de aquel sufrimiento tan espantoso como el cólera. Caroline, sus manos y las mutuas caminatas por Berlín poniendo un velo ante el fracaso, la muerte y la locura.

• • •

El así denominado cólera asiático llegó a través de Rusia, y en mayo de 1831 ya se conocieron las noticias de las primeras muertes causadas por la enfermedad en Polonia y en Hungría. En agosto se multiplicaron los casos de cólera en Berlín, que cobró 1400 muertes hasta diciembre sobre un total de 240 mil habitantes de la ciudad. Sobre su huida de Berlín escribió Gwinner: *"El impulso externo (el que él necesitaba para separarse de Berlín para siempre) se lo dio finalmente el cólera, que en el verano de 1831 dirigió ahí su cabalgata de terror y que arrasó con su gran antagonista Hegel el 14 de noviembre. […] Al principio sólo escapó de la epidemia; fue más tarde que decidió establecerse en el sur de Alemania como un erudito privado y eligió Fráncfort, en contra del consejo de su madre, a quien le parecía que esta ciu-dad era 'para un grande demasiado pequeña, para un pequeño demasiado grande, y en líneas generales un nido de chismosos'"*[54].

1831
Le pide a Caroline que huya de Berlín junto con él

(Berlín) Dialogando con Caroline en Französische Straße, mientras cerca de ellos transitaba una carreta llevando un muerto por el cólera.

C: No me es fácil pensar en dejar Berlín, son muchas las cosas que me unen a esta ciudad y me es muy difícil... y tal vez no es tanto...

A: ...princesita, habíamos hablado anteriormente de esto y habías dicho que me seguirías si alguna vez necesitaba ir a vivir a otra ciudad... y es éste precisamente el momento del que habíamos hablado...

C: No es una decisión que pueda tomar tan fácilmente y no creo que ahora...

A: ...seguiremos hablando mañana... cuando lo hayas pensado mejor... durante la noche...

• • •

Al pedirle a Caroline que lo acompañara en su huida de Berlín, le puso como condición que uno de sus dos hijos no podía acompañarlos. Le tenía resentimiento dado que había nacido durante su viaje por Italia, siendo aquel niño de entonces ocho años una representación de la promiscuidad de Caroline. Algunos años más tarde le escribió a un amigo: *"En 1831 el cólera me expulsó de Berlín: me refugié aquí. Había tenido una aventura secreta con una chica durante los últimos 10 años, a quien amaba mucho. Ella durante años me prometió que me seguiría cuando tuviese que abandonar Berlín —lo que siempre tuve en mente—, pero el momento llegó de repente y ella falló a su promesa. Sin duda tenía algunos lazos familiares, pero no debió haberlo prometido. Eso me dolió mucho, pero el tiempo gradualmente ha tenido su efecto. La verdad es que ella fue el único ser que estuvo realmente conectado conmigo, pero las circunstancias la sobrepasaron"*[55].

1831
Caroline se siente desesperada durante la epidemia de cólera pero decide no huir con Schopenhauer

(Berlín) Dejar Berlín, dejar a su hijo y a las pocas relaciones de valor que aún tenía. Lo cierto era que el cólera estaba expandiéndose y Caroline podría morir de quedarse en la ciudad sitiada por la enfermedad y por el miedo. Tal vez Arthur no era el hombre de su vida. Ella no entendía su formación académica y menos sus extrañas ideas, pero le resultaba agradable y vivaz estar con él. Aquella noche Caroline no podía dormir después de hablar con él y después de tantas noticias y propuestas que no esperaba. Estaba sumamente cansada y aun así el sueño no llegaba. Tal vez pudiese dormir algunas horas cuando el sol saliese y los carruajes se desplazasen por las calles haciendo ruidos de fondo, tal vez llevando algún nuevo cadáver víctima del cólera, tal vez a pocos pasos de su propio domicilio.

• • •

Los días en Berlín durante la epidemia de cólera aparentan haber sido cruentos, como lo relató Caroline en una carta a Schopenhauer en el mes de octubre, apenas 2 meses después que él se mudó a Fráncfort:

"Donde vivo hay 22 muertos por cólera en un total de 10 casas; aquel que puede escapar a esta atrocidad huye así sea hasta el fin del mundo. Yo vi el 31 de agosto el primer brote frente a mi ventana. Se escribe en los periódicos sobre recuperaciones pero la verdad es que el que se pesca el asiático está al momento negro y muerto. Yo misma he soportado el contagio, mi prima María está muerta, los demás están sanos. A pesar de todo sigo aterrorizada, me horrorizo cada noche al ver pasar los pesados carros con cadáveres. Quien los ha visto una vez, ya no ríe más"[56]. A pesar del peligro que significaba permanecer en Berlín por la epidemia y de haber recibido la proposición de escapar de la ciudad, Caroline no lo acompañó en su huida dado que —entre otras cosas— no llegaron a un acuerdo sobre su situación familiar. Su segundo hijo fue un tema de conflicto que nunca pudo resolverse.

1831
Mudanza de Berlín a Fráncfort

(Berlín) Una vez que los peones retiraron todas sus valijas y sus bultos, recorrió el departamento para comprobar que nada había quedado olvidado. Sus pasos resonaban en aquellos ambientes vacíos y fríos. Por un momento se detuvo y contempló desde la ventana los edificios y casas circundantes. Sabía que nunca más iría a ver ese paisaje. Luego caminó en silencio y cerró la puerta con delicadeza, tratando de no hacer ruido.

(Fráncfort) Dos meses más tarde, mientras ordenaba sus apuntes en su nuevo domicilio en Fráncfort, notó que faltaba un cuaderno de notas de su último año en Berlín, y luego de buscar una y otra vez, creyó que había quedado olvidado en su último departamento a pesar de haberlo revisado con meticulosidad. Eso no lo preocupó demasiado ya que sabía que cosas mucho más importantes se habían perdido para siempre en aquella ciudad maldita.

• • •

Su último día en Berlín fue el 25 de agosto, llegando a Fráncfort tres días después. Sus comentarios sobre Berlín fueron siempre negativos, y en su diario "Eis Heautón" escribió hacia 1822: *"No me atrae el clima ni la forma de vida en Berlín. Allí se vive como en un barco: todo es escaso, caro, difícil de conseguir, los comestibles son secos y magros; las estafas y fraudes de todo tipo irritan tanto como en el país adonde florecen los limones"*[57]. En 1827 decía en una carta: *"...mi desagrado no puede ser peor que en esta ciudad sin descanso llena de gente, en medio de un terrible desierto de arena, bajo el cielo del norte"*[58]. Y en otra carta en 1854: *"... es física y moralmente un maldito nido, y le estoy muy agradecido al cólera que hace 23 años me haya expulsado de ahí"*[59]. Por el contrario, Fráncfort era en ese entonces una ciudad más tranquila con apenas 50 mil habitantes y sobre la que escribió en 1836: *"Por de pronto la estancia aquí me agrada: el clima es el más bello y saludable de Alemania, casi tan templado como el de París. Los alrededores son atractivos y yo soy un gran caminante; uno vive aquí mucho mejor y más barato que en Berlín, sobre todo los hoteles y sus mesas para almorzar son los mejores de toda Europa. Los habitantes de clase baja y de clase media son de una extraña honradez, existe un buen teatro... en resumen, en lo que hace al bienestar físico y a las comodidades, es el mejor lugar de Alemania"*[60]. Al margen de vivir en Mannheim desde julio de 1832 hasta julio del siguiente año, y de algún viaje esporádico en las cercanías, permanecería en Fráncfort el resto de su vida.

1832
Permanece aislado en su departamento durante tres meses

(Fráncfort) Haber llegado a Fráncfort escapando del cólera y sólo haber encontrado la enfermedad, el aislamiento y la locura. ¿Dónde estaban aquellos días de júbilo en Italia y dónde las mutuas alegrías junto a Caroline? En Berlín habían finalizado una relación, una carrera académica y posiblemente un nuevo futuro. Tal vez hubiera sido mejor permanecer allí y morir como Hegel en vez de escapar para encontrar aquellos días interminables de frío y alienación. Esperar que todo eso termine era la clave para comenzar algo nuevo y para retornar a los grandes pensamientos que nadie había imaginado.

• • •

Permaneció durante tres meses casi sin salir de su departamento a comienzos del año. Su madre, con quien sólo intercambiaba correspondencia relativa a temas financieros, le escribió en esa ocasión: *"Dos meses en tu habitación sin haber visto a nadie, eso no es bueno hijo mío y me entristece, pues el hombre no puede y no debe aislarse de esa manera. Nunca puede hacerlo sin perder la salud mental y física…"*[61].

1832
Intenta conseguir ayuda para publicar su traducción de Gracián

(Fráncfort) Por la tarde dio por terminada la traducción del Oráculo Manual y a la mañana siguiente se sentía satisfecho al releer las diversas pruebas. Ahora tenía una nueva estrategia para encontrar un editor, creyendo que un hispanista como Kiel sabría cómo ayudarlo, e imaginaba que todavía estaba a tiempo para hacerse fama como traductor de autores clásicos en diversas lenguas.

• • •

A través de Johann Georg Keil, un conocido traductor de español, intentó buscan un editor para su traducción del Oráculo Manual, y en una carta le decía: *"…desde 1825 he estado estudiando el idioma español y ahora leo sin dificultad su excelente gran edición de Calderón, que incluso tengo aquí conmigo […] Mi escritor preferido es sin embargo este filosófico Gracián: he leído todas sus obras, y su Criticón es uno de mis libros preferidos en el mundo: lo traduciría con gusto, si es que se pudiera encontrar un editor para eso. Al Oráculo Prudencial lo quería traducir desde hace algunos años e hice una pequeña prueba que le envié a Brockhaus, pero él no tenía disposición para eso. Por una parte la traducción no era tan buena como la actual, por otra parte era una sección incompleta del libro [...] además pedí unos honorarios considerables"*[62]. La ayuda que esperaba no tuvo ningún resultado, y en 1839 le pidió que le devuelva su manuscrito, el cual había quedado en manos de Keil todos esos años.

1838
Muere su madre,
Johanna Schopenhauer

(Jena) La criada abrió la puerta lentamente, y sin entrar en el cuarto, observó en silencio a Johanna que respiraba con dificultad llenando el cuarto de exhalaciones lentas y graves. La criada no se atrevió a entrar pensando que estaba sufriendo, pero en realidad ella sólo estaba soñando con el pasado. Era temprano y Arthur corría por la casa de campo, en las afueras de Danzig. Ella lo miraba sabiendo que en aquella ciudad lo vería en el futuro manejando los negocios de la gran casa de comercio familiar. Era joven y su júbilo, despreocupación e ingenuidad no le dejaban ver cuán distinto sería el futuro. Con gran esfuerzo levantó su brazo derecho y dijo casi en un suspiro "¡Arthur!". La criada tuvo miedo y cerró la puerta con delicadeza, pidiéndole a dios que Adele llegase lo antes posible. Cerca de la medianoche la criada fue a verla nuevamente. Volvió a abrir la puerta con miedo y con gran lentitud, pero esta vez sólo escuchó silencio. Tanto las exhalaciones como los sueños habían desaparecido.

• • •

A pesar de la sustancial herencia que recibió de su esposo —la que perdió por hacer malas inversiones y por quiebras bancarias— y de haber sido una famosa escritora, Johanna atravesó serias dificultades económicas en los últimos años de su vida. Logró conseguir una renta anual de 300 Táleros luego de solicitarlo con humildad al Conde Karl Friedrich, quien se la adjudicó poniéndole como condición que se mudase a la ciudad de Jena. Antes de partir hacia Jena junto con Adele, ambas le enviaron una carta donde decían: *"…dejamos Bonn y nos mudamos a Jena, porque no tenemos medios para subsistir aquí. Se nos hizo más fácil después de dejar Weimar, pero ha costado un sacrificio tan grande que no hemos podido ahorrar nada. Nos vamos hacia finales de agosto, pero no hemos de pasar por Fráncfort, debido a la feria, porque tenemos muchos conocidos y porque rehuimos a la costosa vida de la posada"*[63]. Johanna llegó a vivir en Jena menos de un año. Falleció mientras dormía la noche del 16 de abril de 1838.

1838
Su hermana Adele le escribe informándole de la muerte de su madre

(Fráncfort) Leyó la carta de Adele con lentitud y volvió a releerla rápidamente. Aquella breve carta le informaba en un tono de congoja sobre la muerte de su madre en su residencia de Jena. Apoyó la carta sobre la mesa con un pequeño temblor en su mano y luego tomó un vaso de agua. Luego decidió salir a caminar, en principio haciéndolo con energía, pero luego comenzó a andar con parsimonia y cierta dificultad mientras tenía que sostener con fuerza a su caniche que quería apresurar la marcha. Al cabo de unos quince minutos pasó cerca de Liebfrauenkirche en el momento en que las campanas de la iglesia comenzaron a tocar y creyó que nunca había escuchado sonar campanas con tal intensidad. Entonces comprendió que los gritos de Johanna en su última discusión en Weimar —24 años atrás— continuaban resonando en su mente con mucha más fuerza que el doblar de aquellas campanas.

• • •

Al día siguiente de la muerte de su madre, Adele le escribió a su hermano: "*¡Mamá murió muy serenamente a las 11 de la noche! Ocurrió de repente. ¡Yo estaba en Weimar, me llamaron, pero llegué 2 horas tarde! Ella había tomado un té, aún con ropa de calle, y se fue a la cama a las 9 — luego se sintió ahogada, respiró una vez pero muy suavemente, y con los ojos cerrados murió sin ningún dolor. Sé que la cuidaron perfectamente bien, pero nunca podré olvidar y nunca podré consolarme del hecho que me llamaron tan tarde. Adiós, realmente ya no puedo escribir*"[64]. Schopenhauer no asistió al funeral de su madre, a quien había visto por última vez en 1814.

1839
Recibe un Premio de la Sociedad Real Noruega por su tratado sobre La Libertad

(Fráncfort) Su tratado sobre La Libertad le había dado una victoria y aquel día en que recibió la medalla su cuerpo se electrizó de emoción. El júbilo hizo a un lado al pesimismo y a la muerte. La medalla entre sus manos era el símbolo del reconocimiento que tendría que llegar luego de la oscuridad de tantos años. Pero el reflejo del oro en sus ojos lo dejó pensando, sin llegar a comprender cuál era el brillo que buscaba realmente, dado que él también estaba atado a las mismas leyes humanas.

• • •

En enero de 1839 se le adjudicó el premio por su tratado "Sobre la Libertad de la Voluntad" en un concurso que había organizado la Sociedad Real Noruega bajo la pregunta: *"¿Puede demostrarse la libertad de la voluntad humana a partir de la autoconciencia?"*[65], y en esa oportunidad también se le hizo miembro de la Sociedad de Ciencias de Noruega. El cónsul General Noruego le entregó una medalla por el premio, la que Schopenhauer fue a recibir al consulado en Fráncfort vestido de una manera un tanto pasada de moda. En una carta que le escribió a la Sociedad Noruega para dar las gracias por el premio, decía: "*…es muy importante para mí que este trabajo sea conocido tanto como sea posible. También quiero hacer notar, que ya estoy en mi 52avo año de vida y que no he recibido aún el reconocimiento del que, confieso sinceramente, soy merecedor*"[66]. Y en relación a la medalla que se le adjudicó en la ocasión: "*El más alto retrato en la moneda conmemorativa me ha encantado tanto a mí como a mis conocidos: preservaré la medalla siempre en memoria del honor que se me ha conferido, cuyo valor se incrementa no sólo por la gran distancia que nos separa…*"[67].

1840
La Academia Danesa le niega un galardón en un concurso académico

(Fráncfort) El anuncio del premio no llegaba ni nunca llegaría. La impaciencia y la ansiedad crecían, día tras día. El buzón estaba vacío de correspondencia, y al abrirlo se le aparecía de forma imaginaria un voluminoso sobre con el membrete de la Real Academia Danesa. Tarde o temprano se conocería el veredicto del consejo, a pesar de la ansiedad y del odio, y la historia diría cuáles fueron las circunstancias que determinaron aquel rechazo.

• • •

El premio del concurso organizado por la Academia Danesa fue declarado desierto a pesar de haber sido Schopenhauer el único participante. En julio de 1839, él había enviado su tratado a la academia bajo el título "El Fundamento de la Moral", concurso que había sido llamado para responder al siguiente cuestionamiento: *"¿Se debe buscar el origen y la base de la filosofía moral en una idea de moralidad que reside inmediatamente en la conciencia y en un análisis de los restantes conceptos morales básicos que surgen de ella, o en otro fundamento cognitivo?"*[68]. La Academia Danesa hizo demorar su veredicto, el cual fue publicado en una revista a mediados de 1840, aunque la decisión había sido tomada en enero de ese año sin haber llegado a enviarle a Schopenhauer una notificación. El breve fallo de la Academia, donde se exponían las razones por las que decidieron no otorgarle el premio, finalizaba con las siguientes palabras: *"Cuando el escritor intentó mostrar que el fundamento de la moral consiste en la compasión, no nos satisfizo con la forma de su argumento, ni tampoco probó que ese fundamento sea suficiente; más bien, estuvo forzado a admitir él mismo lo contrario. Tampoco debe dejar de mencionarse que varios filósofos supremos de los últimos tiempos han sido mencionados tan indecentemente, que causa una ofensa justa y grave"*[69]. En 1841 publicó el volumen "Los Dos Problemas Fundamentales de la Ética", que reunía sus dos tratados sobre el tema: el premiado por la Sociedad Noruega y el "no" premiado por la Academia Danesa, según él mismo lo explicitó en la portada del libro. El extenso prólogo incluye una contestación minuciosa a la decisión de la Academia Danesa de haberle negado el premio. Su prefacio no sólo replicaba virulentamente a la Academia Danesa, si no que fue una nueva oportunidad para hablar mal de Hegel, sobre quien dijo entre otras cosas: *"Diría también que este 'filósofo supremo' de la Academia Danesa ha garabateado estupideces como ningún mortal lo había hecho antes. Aquel que pueda leer su alabada obra, la así llamada 'Fenomenología del Espíritu' sin sentir que se encuentra en un manicomio —debería estar también en uno"*[70].

1846
Julius Frauenstädt lo visita
por primera vez

(Fráncfort) Dialogando con Frauenstädt en un páramo solitario en las afueras de la ciudad:

S: Estas ideas de fenómenos paranormales son interesantes, pero sé que hay otras fuerzas que gobiernan nuestras vidas, otras fuerzas poderosas que están en nosotros y que aún no he logrado desentrañar. Alguna vez comencé a delinear un manuscrito pero finalmente lo dejé de lado, tal vez olvidado en alguno de mis viajes.

F: No comprendo realmente. ¿Sería una característica de la Voluntad?... o tal vez... ¿un principio Moral?

S: No, no. Quizás es difícil explicarlo, por eso preferí olvidar mi manuscrito. Creo que hay fuerzas que nos gobiernan más allá de la Moral. Fuerzas que nos protegen de cierta manera, que se han plasmado en nuestra vida lentamente.

F: ¿Qué tipo de fuerza sería? ¿Cómo se traduciría en su obra? ¿En qué parte?

S: No creo que pueda ahora pensar en introducirlo en mi obra, tendría que analizarlo con gran cuidado. Es cierto que mi obra se presenta como un sistema cerrado, donde todo se explica con principios y postulados. Quizás alguien en el futuro pueda entender aquello de lo que hablo y hacer los cambios adecuados. Aunque no hablo de mi obra, la que no quiero modificar ni un ápice. No quiero que nadie la cambie, ni siquiera que modifiquen la ortografía.

● ● ●

Julius Frauenstädt estudió teología y filosofía en Berlín, y varios de sus libros están dedicados exclusivamente a la filosofía de Schopenhauer, de quien fue un admirador desde mucho antes que su filosofía cobrara fama. Viajó a Fráncfort en julio de 1846, donde visitó a su maestro por primera vez. Unos diez años después de aquel encuentro, Schopenhauer le escribió en una carta: *"Mi filosofía es profunda, pero también es elevada: no debe olvidar eso. Ahora es considerado como mi primer discípulo, mi principal evangelista, y alguna vez obtendrá fama por eso..."*[71]. Frauenstädt fue además el primer editor de sus obras completas, publicadas por la editorial F. A. Brockhaus en seis volúmenes entre los años 1873 y 1874.

1849
Muere su hermana, Adele Schopenhauer

(Bonn) Con la ayuda de Sibylle logró caminar hasta la orilla del Rin y ambas se sentaron mirando hacia el río. Su compañera se mantenía callada sabiendo que Adele necesitaba ese momento para relajarse y para tener un instante de tranquilidad. Sus ojos cansados y rojizos reflejaban el curso del agua, y en ellos se proyectaban escenas del pasado, escuchando una y otra vez la voz de Johanna y viendo el rostro de Arthur, joven, muy joven, en aquellas discusiones intolerables en la residencia de Weimar. Los recuerdos sobre el agua en nada la ayudaban a entender por qué su vida había sido de un modo y no de otro, y su debilidad no la dejaba reflexionar ni imaginar cuáles fuerzas habían regido su atormentada existencia. Aquellos últimos años junto a Sibylle habían sido los más dichosos y le habían hecho olvidar las angustias del pasado que en ese momento volvían a aparecer sobre las apacibles aguas del Rin. Sibylle tomó su mano imaginando las escenas que Adele veía sobre el agua y luego de unos momentos se incorporó para ayudarla a regresar a la residencia. Ambas caminaron despacio sin decir nada, mientras Sibylle intentaba no comenzar a llorar

viendo a quien tanto amaba caminar con dolor y dificultad, seguramente en uno de sus últimos paseos por Bonn.

• • •

Después de la muerte de su madre en 1838, Adele se trasladó a Bonn donde residió en la casa de Sibylle Mertens-Schaaffhausen, quien tenía seis hijos aunque vivía separada de su esposo. Parte de esos años los aprovechó para hacer viajes junto a Sibylle, especialmente a Italia, hasta que el deterioro de su salud le impidió continuar viajando. En una de sus últimas cartas escritas a su hermano le decía: *"Después de mi enfermedad casi terminal en Florencia donde padecí por 9 semanas, he tenido únicamente el deseo de regresar a Italia cuando retorne Sibylle; entonces iremos cuando ella finalice sus compromisos. Augusta, su hija menor y todavía la única en la casa, va a contraer matrimonio el miércoles próximo; sus dos deplorables hijos ya maduraron y no están más en la casa. Estamos ambas solas, ambas dependiendo, dadas las circunstancias, la una de la otra"*[72]. Su salud continuó en deterioro debido a un severo cáncer intestinal, no pudiendo volver a viajar y teniendo incluso que dictar las últimas cartas que le envió a su hermano. Falleció el 25 de agosto de 1849.

1856
Compra una estatua de Buda traída desde París y la manda a dorar

(Fráncfort) La leyenda de Buda continuaba fascinándolo. Recientemente había comprado una estatuita de Buda que había hecho dorar y la había colocado en la sala, creyendo que le transmitía cierta paz. Pocos en Fráncfort conocían sobre aquel hombre, místico o dios, y quienes la veían solían hacer algunas preguntas que lo llenaban de curiosidad y de secreta sorna. Durante los meses subsiguientes a su adquisición, intentó varias veces un pequeño experimento espiritual. Mientras Atma dormía, se sentaba en una silla con ropa ligera, ya que alcanzar la posición de loto le había resultado sumamente dificultoso. En silencio, intentaba concentrarse según le había enseñado Krause hacía tantos años atrás. Aquel experimento lo repitió, una y otra vez, a lo largo de aquellos meses sin mencionarlo a nadie, ni siquiera a Frauenstädt que poco entendía de las filosofías orientales. Finalmente, luego de muchos intentos, dejó de repetir aquellos momentos de misticismo que a nada lo habían conducido. Concluyó que su admiración por el budismo radicaba en su doctrina y no en los rituales,

ejercicios y ceremonias que estaban muy alejados de las ideas de su propia obra.

• • •

A pedido suyo, un amigo le compró una estatua de Buda en París, y en una carta a Frauenstädt en el mes de abril le decía: *"…me ha enviado a mi pedido un Buda de bronce laqueado de negro, que junto con la base es de 1 pie de alto"[73];* y en otra carta en el mes de junio: *"Mi Buda está siendo ahora galvanizado en dorado, y estará brillando hermosamente en el aparador de la esquina"[74].* Gwinner relata la siguiente anécdota: *"En un rincón de esta habitación estaba la estatuita dorada de Buda sobre un aparador de mármol. Cuando la recibió de París en 1856, y después de quitarle la laca negra con la que estaba cubierta, en la presencia de su criada —que era una católica estricta y se había hecho un rico altarcito decorado con flores en su habitación, del cual parecía estar muy satisfecha—, ella dijo a carcajadas como la gente común: 'Está sentado ahí como si fuese un sastre', con lo cual Schopenhauer la reprendió con las palabras: '¡Usted es una grosera, habla así del maestro triunfal! ¿He acaso blasfemado yo alguna vez sobre vuestro Señor Dios?'"[75].*

1857
Relata a Gwinner el comentario de su madre sobre su tesis doctoral

(Fráncfort) Gwinner escuchaba en silencio el relato de Schopenhauer y se sentía molesto por el tono de su voz. Tanta vehemencia se debía a un hecho ocurrido hacía más de cuarenta años atrás cuando su madre había comparado el título de su tesis doctoral con un texto para farmacéuticos. Mientras el relato se sucedía, Gwinner notó extrañas sus facciones y también extraño el brillo de sus ojos.

· · ·

Schopenhauer —quien nunca volvió a ver a su madre después de la pelea que tuvieron en 1814— siempre continuó diciendo que había sido una mala madre, llegando incluso a catalogarla de *"una madre horrorosa"*[76]. En una conversación con Gwinner le relató lo que dijo de su tesis doctoral cuando él regresó a Weimar en noviembre de 1813. Gwinner trascribió el relato como sigue: "…, *cuando le entregaron la 'Cuádruple Raíz' y ella preguntó: 'iEso sería algo para un farmacéutico!'. Él le respondió entonces: 'Todavía lo leerán, cuando de tus libros apenas exista alguno olvidado en un desván'; y ella ridiculizó sus burlas con las palabras: 'De los tuyos estará todavía disponible la edición completa'"*[77]. Esta anécdota, así como muchas otras anécdotas y detalles de su vida, se conocieron a través de Wilhelm Gwinner, quien fue amigo de Schopenhauer a partir de 1854. Gwinner fue el ejecutor de su testamento y además escribió la primera biografía sobre el filósofo publicada en 1862, la cual tuvo varias reediciones incluyendo diversos cambios. A pesar de su devoción por Schopenhauer, fue acusado de destruir su manuscrito "Eis Heautón" ("Sobre mí mismo", una suerte de diario con pensamientos íntimos sobre su personalidad). Gwinner utilizó extractos de dicho manuscrito, incluyéndolos textualmente en diversas partes de la biografía como si los hubiera escrito él mismo. Sin embargo, varios estudiosos de la obra de Schopenhauer hicieron un minucioso trabajo de investigación recopilando los pasajes de indudable autoría del filósofo logrando reconstruir, al menos en parte, el famoso diario "Eis Heautón".

1857
Rechaza ser miembro de la Real Academia de Ciencias de Berlín

(Fráncfort) Hacía poco había recibido el ofrecimiento de ser miembro de la Real Academia de Ciencias de Berlín, lo cual lo había llenado de un orgullo incontenible, y eso reafirmó su convicción de que el reconocimiento de su obra sería mayor año tras año. Mientras retornaba por la tarde a su departamento pensaba en aquel ofrecimiento, creyendo que era mejor rechazarlo dado lo avanzado de su edad y el poco tiempo que tendría para dedicarle a los miembros de tan importante academia. Pero pensando una y otra vez en qué decisión tomar estaban otras ideas y recuerdos que flotaban en su mente. El odio estaba presente, el odio de recibir un ofrecimiento desde Berlín después de tantas décadas de haber sido ignorado en aquella ciudad maldita. Y también estaba la terrible posibilidad de tener que visitar una vez más aquellas calles berlinesas y aquellos pasadizos que sólo le recordaban el dolor y el silencio sin término. Pensando en Berlín se le aparecían por las noches tantos rostros que no veía desde hacía unos treinta años atrás —Caroline, Flora, Hegel, Marquet, Becker, Lotzow—, y en sus sueños los rostros eran jóvenes, muy jóvenes, y sus voces

hablaban con desconfianza y con recelo. Mejor era rechazar aquel cargo, evitar el odio, evitar a los fantasmas del pasado, evitar a los vetustos miembros de tan afamada academia, y continuar una vida apacible en Fráncfort, alejado de aquella metrópolis de infierno que nada bueno podría depararle a esa altura de su vida.

• • •

Anticipándose a su cumpleaños, la Real Academia de Ciencias de Berlín lo invitó a ser uno de sus miembros enviándole un diploma que acreditaba su membresía, el cual devolvió con una breve nota: *"Tengo la bondad de devolver el adjunto Dipl. de la R. Ac. lo que significa que no tengo ninguna razón para regalar mi nombre a una Ac. que recién se acuerda de mí, y ha esperado que tenga 70 años, mientras yo he vivido muchos años ante su vista. Ahora ya no necesito diplomas ni certificados porque yo, aun sin tenerlos, seré honrado por toda la eternidad"*[78].

1858
Caroline Medon le escribe felicitándolo por su cumpleaños

(Fráncfort) Pocos días después de su cumpleaños, recibió con sorpresa extrema una breve carta de Caroline y no pudo menos que rememorar sus últimos días en Berlín. Como si todavía hubiera estado allí, la vio a ella caminando por Französische Straße, con los rayos amarillos del sol haciendo raras figuras cuando ella se movía, y le pareció por un momento que la epidemia de cólera había sido una ilusión.

• • •

Después que Schopenhauer abandonó Berlín en agosto de 1831, continuó carteándose con Caroline tan sólo hasta abril del año siguiente. Pero la relación epistolar se reanudó en marzo de 1858 cuando Caroline leyó en un periódico sobre el cumpleaños de Schopenhauer, quien había celebrado sus 70 años el mes anterior. La primera carta que le envió decía lo siguiente: *"Mi querido Arthur! Si soy la última en saludarte por tu cumpleaños este año, el saludo no es por eso menos afectuoso. Es que, después de 26 años, recién me entero de tu lugar de residencia a través de la noticia del periódico que te adjunto. Deseo que el amado Dios te mantenga sano y feliz durante largo tiempo. Te lo desea de todo corazón tu vieja amiga Ida"[79]*. Y en otra carta un mes más tarde le escribió: *"Mi más querido Arthur! Durante todo un mes estuve esperando en vano unas líneas de tu querida mano… […] Si aún puedes recordar, escríbeme. La gente nunca debe volver al pasado, porque despertamos deseos que muchas veces sería mejor que durmieran. Estoy enojada conmigo misma porque no puedo reprimir esos pensamientos, me gustaría verte de nuevo. Mi alma está contigo tantas veces, ¿no piensas volver a Berlín? Aunque sólo sea por unos días, podríamos hablar de todo y sería sin duda algo que disfrutaríamos"[80]*. El encuentro al que hacía referencia Caroline nunca se concretó. Schopenhauer murió en 1860 dejándole una substancial herencia según fue estipulado en su testamento (que él modificó en 1859 mediante un codicilo): *"Un nuevo legado. Se trata de la suma de 5000 Táleros Prusianos, que por la presente lego a la Sra. Caroline Medon, nacida Richter, más exactamente Caroline Richter llamada Medon, en Berlín. Para una identificación más segura de esta persona, hago notar que desde pequeña usó el nombre de pila Ida, aunque no fue bautizada con ese nombre y recién a los 50 años dejó de utilizarlo. […] Sin embargo, este legado es puramente personal y es válido solamente si dicha Caroline Richter, llamada Medon, sigue viva en el momento de mi muerte: caso contrario prescribe y no pasa a su hijo ni tampoco a otros herederos"[81]*. Caroline falleció en Berlín el 6 de junio de 1882.

1859
Debe mudarse de departamento dado que el propietario le rescinde el contrato

(Fráncfort) Había llegado apesadumbrado a su departamento dado que sólo le restaban dos días para mudarse ¿Cuántas veces había cambiado de domicilio en su vida? Francamente había perdido la cuenta, pero aquella mudanza a su edad lo exasperaba. El propietario lo había increpado por un hecho insignificante y le había rescindido el contrato dada su respuesta intransigente. Él sabía que lo trataban de manera obscena, a un genio de la historia y cuando la fama finalmente le había llegado luego de soportar tantos años de oscuridad. Y parecía que tendría que continuar tolerando los agravios de espíritus inferiores, inclusive hasta su muerte. Al cruzar la puerta de entrada Atma ladró con entusiasmo y eso lo calmó ligeramente. Pensó que en su nuevo departamento en el número dieciséis podría terminar sus días —si el propietario no trataba también de fastidiarlo— y podría vivir allí varios años perfeccionando sus escritos mientras disfrutaba de su creciente fama.

• • •

El propietario del departamento en Schöne Aussicht 17, en el cual Schopenhauer vivió más de dieciséis años, le rescindió el contrato de alquiler después de un pequeño altercado. En julio se mudó a un departamento en el edificio contiguo, en el número 16, en el que llegaría a vivir apenas un año y tres meses. En ambos casos los departamentos estaban en la planta baja, medida que adoptó por considerar que eran más seguros en el caso de ocurrir un incendio. Gwinner escribió: *"El mobiliario de su hogar era extremadamente simple. Sólo después de cumplir cincuenta años compró sus propios muebles. No se sentía atraído a buscar una mayor comodidad o embellecimiento estético de su entorno. Sus habitaciones dejaban la impresión de ser un hotel de estudiantes, en el cual no se piensa permanecer demasiado tiempo: era un departamento para un peregrino sobre la tierra. En el verano de 1859, se mudó por última vez a uno nuevo, en el que el tamaño de su estudio le permitió poner en él toda su biblioteca, mientras que en su departamento anterior debía dejar la puerta entre el estudio y la biblioteca abierta en forma permanente. Esto lo hizo estar más cómodo entre sus cuatro paredes. En un rincón de esta habitación estaba la estatuita dorada de Buda sobre un aparador de mármol"*[82].

1859
Elisabet Ney realiza
un busto del filósofo

(Fráncfort) La puerta de Schöne Aussicht dieciséis se abrió lentamente y la criada dejó pasar a la señorita Ney casi sin mirarla, acostumbrada ya a su visita diaria y sin acompañarla siquiera hasta el salón adonde Schopenhauer estaba esperándola con impaciencia. Aquellas sesiones para modelar su busto —en las que en un principio no estaba interesado— eran ya parte de su fruición diaria, así como también la compañía de aquella joven por quien estaba dispuesto a cambiar algunas de sus ideas. Sentados tomando un café en un intermedio de aquella extensa sesión, la señorita Ney se sentía sumamente interesada en todo lo que el ilustre filósofo le contaba, y escuchaba aun con mayor atención cuando se trataba de anécdotas personales, en particular sus relatos sobre visitas a museos de Italia. Mucho de aquel encanto se perdió cuando escuchó llamar a la famosa escritora Johanna Schopenhauer una madre horrorosa, mientras los ojos del filósofo brillaban de manera inusitada.

•••

Entre octubre y noviembre, yendo casi diariamente a la casa del filósofo, Elisabet Ney realizó un modelo en terracota que luego utilizó como base para esculpir su busto en mármol. La siguiente anécdota fue transmitida a través de una amiga de la escultora: *"Un día, mientras ella estaba ocupada modelando inmersa en su trabajo, levantó la vista de repente y descubrió que él la miraba con una expresión burlona. Ella entonces le preguntó: '¿Por qué me mira de esa manera, Doctor?', y él contestó entonces: 'Sólo estoy tratando de ver si descubro en usted un pequeño bigote. Día a día me resulta más increíble que usted sea una mujer'"*[83]. En abril de 1860 Schopenhauer escribió en una carta: *"En octubre pasado vino de Berlín la escultora Ney (gran nieta del famoso mariscal) para hacer mi busto: fue totalmente exitosa dado que todos lo encontraron muy similar a mí, y un escultor local aseguró que aquí no hay nadie que pudiera hacerlo tan bien. Ney tiene 24 años, es muy linda e indescriptiblemente encantadora y original"*[84].

1860
No deja sus caminatas diarias a pesar de su enfermedad

(Fráncfort) Schopenhauer salió por la tarde a dar su habitual paseo. Estaba ventoso pero eso no lo intimidó, aunque bien sabía que tenía que tomar recaudos especiales dado lo precario de su salud. De alguna manera imaginaba que su fin estaba próximo. "La muerte", pensó, y supo una vez más que nadie había logrado explicarla mejor que él. Al llegar al Alte Brücke se detuvo como tantas otras veces para contemplar el fluir del Meno. Atma ladraba pero él no prestó atención al porqué de tantos ladridos. El río fluía rápidamente, y al observarlo sintió su vista nublada y un ligero mareo. Trató de respirar profundamente, pero sus extrañas sensaciones continuaron. Mientras inhalaba con vigor y sin entender qué ocurría, sintió su cuerpo más liviano y sin fuerzas, y con su vista aún sobre el agua observó extrañas luces y figuras que cambiaban de color y de forma. En ese momento comprendió que había algo que nunca había visto en más de setenta años de vida. Todas sus sensaciones desaparecieron cuando logró quitar su vista de la superficie del agua y en ese instante Atma dejó de ladrar. Fue entonces presa de una enorme angustia, y con esa opresión en el

pecho comprendió que aún existían revelaciones que tenía que recibir a su edad y próximo a la muerte.

• • •

En una carta del 27 de abril escribió: *"Siempre salgo a caminar ante cualquier estado del tiempo, con un gran provecho. Con 72 años estoy todavía muy saludable y mi caminar rápido y liviano es incluso llamativo"*[85]. Pero su salud se deterioró a partir de ese momento, como lo relata Gwinner: *"Sin embargo en abril de 1860, cuando un día volvía a su casa después de almorzar caminando con sus usuales pasos enérgicos, sintió de manera repentina dificultades para respirar y palpitaciones. Estos síntomas se repitieron durante todo el verano y ocasionalmente lo hacían detener su marcha en la calle y, como no quería acostumbrarse a caminar más despacio, decidió acortar sus caminatas. En agosto por la mañana después de levantarse le ocurrió el primer ataque alarmante, donde palideció y pareció sofocarse. […] La mañana del 9 de septiembre, después de que unos días antes se hubiera repetido el ataque de asfixia, me llamaron para verlo y lo encontré con una afección de neumonía. Él dijo de inmediato 'esto es mi muerte'; pero luego que la crisis hubo pasado se recuperó tan rápido que en unos pocos días pudo dejar la cama y recibir visitas"*[86].

1860
Su médico lo encuentra muerto sentado en el sofá

(Fráncfort) Apenas si podía ver lo que tenía frente a él. Había extrañas luces que lo enceguecían, pero trató de caminar despacio por la habitación intentando seguir un curso un poco a tientas. Quiso buscar confort en su caniche, quien era su mejor amigo, pero Atma corrió y desapareció de su vista: parecía que algo lo había asustado y quería ponerse a salvo. Casi arrastrándose, llegó hasta el sofá de cuero negro y se sentó tieso en una esquina. Estaba extenuado y su corazón latía con dificultad. Al transcurrir un par de minutos, sus latidos se hicieron más regulares y se quedó dormido del cansancio y del malestar de aquellas extrañas luces que lo enceguecían. El sueño era más poderoso que la realidad y que las luces del cielo, y más poderoso que la vida que se compactaba en pocos segundos, pasando por todo aquello que no había podido ocurrir en la vigilia. Ahora regresaba a Berlín una vez más y al encontrarse con Caroline notaba que sus rasgos eran ligeramente distintos, y él mismo sentía los acontecimientos con una percepción diferente, llegando a tomar decisiones que nunca antes había contemplado. La princesita había decidido algo nuevo para su vida que

llegaría a perturbar el futuro del genio, tal vez llegándole a cambiar ciertas ideas, por más poderosas que parecieran.

• • •

Un visitante describió su mobiliario como sigue: "*…nos sentamos en un sofá muy antiguo de implacable dureza, cubierto con telas de algodón gris y no exactamente limpio. Dicho sofá, varias sillas y una mesa apoyada sobre la pared entre la ventana y la puerta —cubierta con un mantel encerado muy corriente— eran todos los muebles de la modesta habitación […] En marcado contraste con la pobre decoración, había una estatuita de un Buda sentado, opulentamente dorada, que se encontraba en un delicado aparador en la esquina interior de la habitación, a la izquierda del sofá*"[87]. En dicho sofá se lo encontró muerto el 21 de septiembre de 1860: "*A la mañana siguiente, el 20 de septiembre, se levantó con un fuerte dolor en el pecho que le hizo caer al suelo y lastimarse la frente. Durante el día se sintió libre de esos dolores y pudo dormir bien a la noche. Se había levantado como de costumbre, se lavó con agua fría y luego se sentó a desayunar; la empleada doméstica aireó la habitación y luego se fue. Momentos después, su médico entró y lo encontró muerto, apoyado con la espalda, sentado en la esquina del sofá*"[88].

1860
Gwinner y un pastor luterano hablan durante su entierro

(Fráncfort) Durante la ceremonia y a pesar del desagradable ambiente, los presentes escuchaban las palabras de los oradores sintiendo cierta congoja, pues sabían que algo fuera de lo común estaba ocurriendo y que sería un punto de partida en la historia del pensamiento. Luego la procesión avanzó en silencio bajo el cielo gris y la copiosa lluvia. Gwinner y el párroco encabezaban la corta columna que se había congregado a despedir al sabio de Fráncfort. Detrás de los presentes —a pocos metros entre tumbas vecinas— había tres focos de energía que nadie había logrado percibir. Heinrich, Johanna y Adele contemplaban la ceremonia que significaba el fin de algo que los había congregado en el transcurso de la vida terrenal. Toda esa historia en común desaparecía para siempre sin una continuación de sangre. Solamente los libros serían el reflejo de aquella familia para las futuras generaciones.

• • •

El entierro tuvo lugar cinco días después de su muerte debido a una cláusula en su testamento, dado que siempre tuvo miedo de ser enterrado aún con vida. Un asistente al entierro hizo el siguiente relato: *"Llovió fuertemente durante el funeral. En una estrecha sala estaban los muchos admiradores del gran filósofo muerto. El cadáver había comenzado a dar mal olor. Varios, durante los discursos que se pronunciaron, tuvieron que abandonar la sala"*[89]. Mientras que Gwinner escribió: *"La cabeza estaba decorada con una corona de laurel; el cadáver fue velado —según su determinación— en un pesado ataúd de roble en una morgue del cementerio, y enterrado solemnemente el 26 de septiembre. Frente al pequeño grupo extrañamente heterogéneo que se reunió para esta ceremonia —algunos llegados desde muy lejos— [...] primero habló el Padre Dr. Basse en el espíritu de la Iglesia Evangélica, después lo hice yo..."*[90]. El historiador Georg Ludwig Kriegk, contemporáneo de Schopenhauer y quien vivía en Frankfurt, escribió en su diario: *"...al día siguiente murió el filósofo Arthur Schopenhauer, que había vivido aquí durante 29 años. Aquí se le consideraba un excéntrico y rara vez se relacionaba con otras personas. En su sombría visión del mundo y de la humanidad, ocurrió una vez lo siguiente: En el Englischer Hof, donde él solía almorzar, dijo que odiaba a las personas y que quería más a su perro que a ningún otro ser. [...] En el funeral de Schopenhauer —al que yo no pude asistir— sorprendentemente fue un clérigo (el pastor luterano Basse) el que pronunció la oración fúnebre, aunque el mismo Schopenhauer había considerado al cristianismo como una de las peores religiones"*[91].

1862
Su traducción de Gracián
se publica de manera póstuma

(Leipzig) Brockhaus hojeaba con detenimiento la primera edición del volumen de Gracián sintiéndose apesadumbrado, sabiendo que había rechazado publicar aquella traducción de Schopenhauer hacía más de treinta años atrás. Ya no podía pedirle una disculpa, pero pensó en escribir una carta a Frauenstädt para felicitarlo por su trabajo de edición y su prólogo, creyendo que así podría librarse de esa carga del pasado.

• • •

La traducción del Oráculo Manual, que comenzó en el año 1828, fue publicada finalmente por la editorial Brockhaus en 1862 siendo Julius Frauenstädt el editor, quien dijo en el prólogo: *"Si ahora publico esta traducción póstuma, es porque creo no sólo en el valor que él mismo le asignó, sino también en el mérito intrínseco que posee. Por otro lado, justifica absolutamente esta publicación el interés por conocer al famoso filósofo en su rol de traductor de manera más cercana"*[92].

ORIGEN DE LAS CITAS

1. Wilhelm Gwinner, Schopenhauers Leben. Zweite, umgearbeitete und vielfach vermehrte Auflage der Schrift: Arthur Schopenhauer aus persönlichem Umgang dargestellt, Leipzig, 1878. [p. 4]

2. Gwinner, Schopenhauers Leben, 1878. [p. 6]

3. Arthur Schopenhauer, Gesammelte Briefe, herausgegeben von Arthur Hübscher, Bonn, 1978. [p. 48 & p. 648]

4. Arthur Hübscher, Der Philosoph lernt schreiben. Unbekannte Briefe von Schopenhauers Vater an seinen Sohn. 36. Jahrbuch der Schopenhauer-Gesellschaft, 1955. [p. 84]

5. Gwinner, Schopenhauers Leben, 1878. [p. 34]

6. Schopenhauer, Gesammelte Briefe, 1978. [p. 50 & p. 651]

7. Gwinner, Schopenhauers Leben, 1878. [p. 55]

8. Die Schopenhauers: Der Familien-Briefwechsel von Adele, Arthur, Heinrich Floris und Johanna Schopenhauer, herausgegeben von Ludger Lütkehaus, Zürich, 1991. [p. 163]

9. Schopenhauer, Gesammelte Briefe, 1978. [p. 53 & p. 654]

10. Schopenhauer, Gesammelte Briefe, 1978. [p. 7]

11. Walther Rauschenberger, Schopenhauers Wohnungen während seines Lebens. 25. Jahrbuch

der Schopenhauer-Gesellschaft, 1938. [p. 284]

12. Die Schopenhauers: Der Familien-Briefwechsel, 1991. [p. 220]

13. Schopenhauer, Gesammelte Briefe, 1978. [p. 21]

14. Schopenhauer, Gesammelte Briefe, 1978. [p. 54 & p. 655]

15. Schopenhauer, Gesammelte Briefe, 1978. [p. 35]

16. Walther Rauschenberger, Schopenhauers Wohnungen. Ein Nachtrag. 26. Jahrbuch der Schopenhauer-Gesellschaft, 1939. [p. 386]

17. Arthur Schopenhauer, Gespräche. Neue, stark erweiterte Ausgabe, herausgegeben von Arthur Hübscher, Stuttgart-Bad Cannstatt, 1971. [p.38]

18. Schopenhauer, Gesammelte Briefe, 1978. [p. 29]

19. Schopenhauer, Gesammelte Briefe, 1978. [p. 34]

20. Arthur Schopenhauer, Der handschriftliche Nachlaß, herausgegeben von Arthur Hübscher, München, 1985. Band 3: Berliner Manuskripte 1818—1830. [pp. 1 – 2]

21. Arthur Schopenhauer, Ein Lebensbild in Briefen, zusammengestellt und herausgegeben von Angelika Hübscher, Frankfurt am Main, 1987. [pp. 186 – 187]

22. Die Schopenhauers: Der Familien-Briefwechsel, 1991. [p. 288]

23. Gwinner, Schopenhauers Leben, 1878. [pp. 293 – 294]

24. Schopenhauer, Gespräche, 1971. [p. 47]

25. Schopenhauer, Der handschriftliche Nachlaß, 1985. Band 3: Berliner Manuskripte 1818—1830. [p. 363]

26. Schopenhauer, Gesammelte Briefe, 1978. [p. 117]

27. Arthur Schopenhauer, Zürcher Ausgabe, Werke in zehn Bänden, Zürich, 1977. Band VI, Über die Grundlage der Moral. [p. 187]

28. Schopenhauer, Zürcher Ausgabe, 1977. Band VII, Parerga und Paralipomena, Über die Universitäts-Philosophie. [p. 193]

29. Robert Gruber, Schopenhauers Geliebte in Berlin, Wien, 1934.   [p. 9]

30. Charlotte von Gwinner, Sieben Briefe von Caroline Medon an Arthur Schopenhauer. 30. Jahrbuch der Schopenhauer-Gesellschaft, 1943. [p. 213]

31. Schopenhauer, Gesammelte Briefe, 1978. [p. 75]

32. Schopenhauer, Gesammelte Briefe, 1978. [pp. 75 – 76]

33. Schopenhauer, Der handschriftliche Nachlaß, 1985. Band 4,II: Letzte Manuskripte & Gracians Handorakel. [p. 121]

34. Franz Mockrauer, Obit anus abit onus.   2. Jahrbuch der Schopenhauer-Gesellschaft, 1913. [p. 154]

35. Schopenhauer, Gesammelte Briefe, 1978. [p. 86]

36. Schopenhauer, Gesammelte Briefe, 1978. [p. 87]

37. Schopenhauer, Gesammelte Briefe, 1978. [p. 92]

38. Schopenhauer, Gesammelte Briefe, 1978. [p. 105]

39. Wilhelm Ebstein, Arthur Schopenhauer, seine wirklichen und vermeintlichen Krankheiten, Stuttgart, 1907. [p. 18]

40. Schopenhauer, Gespräche, 1971. [p. 62]

41. Schopenhauer, Zürcher Ausgabe, 1977. Band IX, Parerga und Paralipomena, Zur Philosophie und Wissenschaft der Natur. [p. 189]

42. Schopenhauer, Gesammelte Briefe, 1978. [p. 92]

43. Schopenhauer, Gesammelte Briefe, 1978. [p. 106]

44. Schopenhauer, Gesammelte Briefe, 1978. [p. 516]

45. Schopenhauer, Gesammelte Briefe, 1978. [p. 516]

46. Schopenhauer, Ein Lebensbild in Briefen, 1987. [p. 301]

47. Schopenhauer, Ein Lebensbild in Briefen, 1987. [p. 303]

48. Schopenhauer, Gespräche, 1971. [p. 59]

49. Schopenhauer, Gesammelte Briefe, 1978. [p. 158 & p. 671]

50. Das Buch als Wille und Vorstellung: Arthur Schopenhauers Briefwechsel mit Friedrich Arnold Brockhaus, herausgegeben von Ludger Lütkehaus, München, 1996. [p. 44]

51. Schopenhauers Briefwechsel mit Friedrich Arnold Brockhaus, 1996. [p. 45]

52. Schopenhauers Briefwechsel mit Friedrich Arnold Brockhaus, 1996. [p. 48]

53. Schopenhauer, Der handschriftliche Nachlaß, 1985. Band 4,II: Letzte Manuskripte & Gracians Handorakel. [p. 268]

54. Gwinner, Schopenhauers Leben, 1878. [p. 384]

55. Schopenhauer, Gesammelte Briefe, 1978. [p. 158 & p. 671]

56. Arthur Hübscher, Schopenhauers Berliner Geliebte. 55. Jahrbuch der Schopenhauer-Gesellschaft, 1974. [p. 46]

57. Schopenhauer, Der handschriftliche Nachlaß, 1985. Band 4,II: Letzte Manuskripte & Gracians Handorakel. [p. 106]

58. Schopenhauer, Gesammelte Briefe, 1978. [p. 105]

59. Schopenhauer, Gesammelte Briefe, 1978. [p. 338]

60. Schopenhauer, Gesammelte Briefe, 1978. [p. 158 & p. 671]

61. Die Schopenhauers: Der Familien-Briefwechsel, 1991. [p. 337]

62. Schopenhauer, Gesammelte Briefe, 1978. [p. 131]

63. Die Schopenhauers: Der Familien-Briefwechsel, 1991. [p. 391]

64. Die Schopenhauers: Der Familien-Briefwechsel, 1991. [p. 392]

65. Schopenhauer, Zürcher Ausgabe, 1977. Band VI, Über die Freiheit des menschlichen Willens. [p. 43]

66. Schopenhauer, Gesammelte Briefe, 1978. [p. 185 & p. 676]

67. Schopenhauer, Gesammelte Briefe, 1978. [p. 185 & p. 676]

68. Schopenhauer, Zürcher Ausgabe, 1977. Band VI, Über die Grundlage der Moral. [p. 146]

69. Schopenhauer, Zürcher Ausgabe, 1977. Band VI, Über die Grundlage der Moral. [p. 316 & p. 317]

70. Schopenhauer, Zürcher Ausgabe, 1977. Band VI, Die beiden Grundprobleme der Ethik, Vorrede zur ersten Auflage. [p. 20]

71. Schopenhauer, Gesammelte Briefe, 1978. [p. 403]

72. Die Schopenhauers: Der Familien-Briefwechsel, 1991. [pp. 487 – 488]

73. Schopenhauer, Gesammelte Briefe, 1978. [p. 390]

74. Schopenhauer, Gesammelte Briefe, 1978. [p. 394]

75. Gwinner, Schopenhauers Leben, 1878. [p. 547]

76. Schopenhauer, Gespräche, 1971. [p. 351]

77. Gwinner, Schopenhauers Leben, 1878. [p. 117]

78. Der Briefwechsel Arthur Schopenhauers, herausgegeben von Arthur Hübscher, Dritter Band, München, 1942. [p. 182]

79. Charlotte von Gwinner, Sieben Briefe von Caroline Medon, 1943. [pp. 207 – 208]

80. Charlotte von Gwinner, Sieben Briefe von Caroline Medon, 1943. [p. 210]

81. Hugo Busch, Das Testament Arthur Schopenhauers, Wiesbaden, 1950. [p. 74]

82. Gwinner, Schopenhauers Leben, 1878. [pp. 546 – 547]

83. Bride Neill Taylor, Elisabet Ney Sculptor, New York, 1916. [pp. 28 — 29]

84. Schopenhauer, Gesammelte Briefe, 1978. [pp. 476 – 477]

85. Schopenhauer, Gesammelte Briefe, 1978. [p. 476]

86. Gwinner, Schopenhauers Leben, 1878. [pp. 612 – 613]

87. Schopenhauer, Gespräche, 1971. [pp. 304 – 305]

88. Gwinner, Schopenhauers Leben, 1878. [pp. 615 – 616]

89. Schopenhauer, Gespräche, 1971. [pp. 226 – 227]

90. Gwinner, Schopenhauers Leben, 1878. [p. 616]

91. Ein zeitgenössischer Bericht über Schopenhauers Tod. Mitgeteilt von Walther Rauschenberger. 30. Jahrbuch der Schopenhauer-Gesellschaft, 1943. [p. 214]

92. Balthasar Gracian's Hand-Orakel und Kunst der Weltklugheit, übersetzt von Arthur Schopenhauer, Leipzig, 1862. [p. VIII]

BIOGRAFÍAS RECOMENDADAS

David E. Cartwright, Schopenhauer: A Biography. Cambridge 2010.

Rüdiger Safranski, Schopenhauer und die wilden Jahre der Philosophie. Eine Biographie. München 2001. (Edición en español: Schopenhauer y los años salvajes de la filosofía. Traducción de José Planells Puchades).

Luis Fernando Moreno Claros, Schopenhauer, vida del filósofo pesimista. Madrid 2005.

Wilhelm Gwinner, Schopenhauers Leben. Zweite, umgearbeitete und vielfach vermehrte Auflage der Schrift: Arthur Schopenhauer aus persönlichem Umgang dargestellt. Leipzig 1878. (Edición en español: Arthur Schopenhauer presentado desde el trato personal. Traducción de Luis Fernando Moreno Claros).

Karl Pisa, Schopenhauer: Kronzeuge einer unheilen Welt. Wien 1977.

Walter Abendroth, Arthur Schopenhauer in Selbstzeugnissen und Bilddokumenten. Hamburg 1967.

Arthur Hübscher, Arthur Schopenhauer, ein Lebensbild. Mannheim 1988.

Peter B. Lewis, Arthur Schopenhauer. London 2012.

www.ingramcontent.com/pod-product-compliance
Lightning Source LLC
Chambersburg PA
CBHW040148160726
48006CB00014B/1657